U0611233

心理掌控术

——日常生活中的心理博弈

江乐兴　编著

北京工业大学出版社

图书在版编目（CIP）数据

心理掌控术：日常生活中的心理博弈 / 江乐兴编著.
—北京：北京工业大学出版社，2009.9（2020.9 重印）
ISBN 978-7-5639-2148-5

Ⅰ . 心… Ⅱ . 江… Ⅲ . 心理学—通俗读物 Ⅳ . B84-49

中国版本图书馆 CIP 数据核字（2009）第 148529 号

心理掌控术——日常生活中的心理博弈

编　　著：江乐兴

责任编辑：朱　军

封面设计：末末美书

出版发行：北京工业大学出版社

地　　址：北京市朝阳区平乐园 100 号

邮政编码：100124

电　　话：010-67391106　010-67392308（传真）

电子信箱：bgdcbsfxb@163.net

承印单位：北京德富泰印务有限公司

经销单位：全国各地新华书店

开　　本：880mm×1230mm　1/32

印　　张：6

字　　数：150 千字

版　　次：2009 年 9 月第 1 版

印　　次：2020 年 9 月第 2 次印刷

标准书号：ISBN 978-7-5639-2148-5

定　　价：35.00 元

在这个世界上，最高级的动物是人，最难捉摸的也是人。我们每个人的内心世界，不但变化莫测，而且千差万别。

有的人看上去弱不禁风，可内心刚烈异常；有的人看上去大大咧咧，可内心温柔体贴；有的人，在强者面前示弱，却在弱者面前逞强；有的人，泰山崩于前而神色不改；有的人，鸡毛蒜皮的小事都能把他吓倒。

可以说，不同的人就有不同的心态，不同的人就有不同的心理素质。心理决定着一个人的品行，也决定着一个人的性格。在心理博弈中，谁掌握了对方的心理变化，谁就能占据主动；谁读懂了对方的心思，谁就能出奇制胜。

比如，在与对手谈判时，只要你稍有不慎，在心理上露出了破绽，就有可能被对方利用，乘虚而入。反之，如果你能在谈判中抓住某些细节，掌控对手的心理，那么，你就能占据优势，取得谈判的成功。

比如，在与他人交流时，只要你细心观察，就会发现许多心理活动都在通过无声的肢体语言进行传递。有时，一个小小的眼神、一个简单的手势、一个细微的动作……都在向别人表达着你的意愿，透露你的心思，传递着你的态度。

比如，当你向老板提出加薪时，如果不懂得心理博弈的妙用，那么就有可能遭遇"滑铁卢"的失败。因为你和老板是一对矛盾的共同体，尤其是在加薪水这个敏感话题上。如果你的能力与加薪的要求相符，那么你的要求有可能被老板接受。如果你的能力与加薪的要求不符，那么你很可能自讨没趣，甚至面临被"辞退"的风险。

可见，知道如何迅速地掌控他人心理，如何及时地洞察他人心理，如何有效地利用他人心理，是确保沟通顺畅、谈判制胜、说服有效的重要手段。因为，生活在这个社会中的每个人都不是孤立存在的，人们总是要与他人进行各种各样的交往，如果不谙心理博弈之道，就会处处碰壁、处处受阻。有感于此，我们编写了《心理掌控术——日常生活中的心理博弈》一书。

本书文风淳朴，语言生动，内容丰富，结构严谨。编者试图通过生活中的经典事例，来解读心理博弈之道。虽然有些心理博弈在书中不过是只言片语，却能让你茅塞顿开，从而在人生的茫茫大海中找到属于你的灯塔。此外，本书在编写的过程中，摆脱了理论说教的繁冗晦涩，注重从现实生活出发，具有更强的可读性与实用性，希望每一个读者都能从中得到启发，得到帮助！

| 目　录

第七章

恋爱婚姻的心理博弈

第一章

化解僵局的心理博弈

所谓僵局就是指僵持不下或困窘的局面。造成僵局的因素有很多，比如突发的尴尬事件，双方的言语交锋，因陌生而产生的戒备心理等等。化解僵局的博弈之道，可以是从容应对，可以是冷静幽默，可以是自我解嘲，也可以是话题转移。如果你深谙这些心理策划，就可以将所谓的僵局化解在无形之中。

从容应对，巧妙回应

生活中，我们既要尊重别人的人格，正视人与人之间的差异，避免使自己成为尴尬的制造者，又要学会应付尴尬之事，避免陷入僵局。

尴尬往往会导致僵局，相信在每一个人的身上都曾发生过尴尬的事。由于粗心大意，给别人造成损失，觉得对不起人家时，会感到尴尬；由于说话不得体，弄得自己和他人都很难堪时，会感到尴尬；受到冷遇，坐冷板凳时，会感到尴尬；在众目睽睽之下出尽洋相时，会感到尴尬……

由于每个人的心理素质不同，在面对尴尬时，会产生不同的反应。比如，有的人面对尴尬时，会恼羞成怒，使尴尬不断升级；有的人面对尴尬时，懂得从容应对，化尴尬于无形。

在这里，让我们看一个化解尴尬的故事：

1956 年 2 月 14 日，苏共第二十次代表大会在莫斯科召开。2 月24 日，大会闭幕。这天深夜，赫鲁晓夫突然向大会代表们作了《关于个人崇拜及其后果》的报告（即所谓《秘密报告》），系统揭露和批判斯大林的重大错误，要求肃清个人崇拜在各个领域的流毒。报告一出，顿时在国内外引起了强烈反响。

由于赫鲁晓夫曾是斯大林非常信任的人，很多人心里都有疑问：你既然知道他的错误，为什么在斯大林生前掌权的时候，你不提出意见，而要在今天才放"马后炮"呢？

后来，在党的代表会上，当赫鲁晓夫又就这个话题侃侃而谈时，有人从听众席里传来一张纸条，上面写着：当时你在哪里？

可以想象，当时赫鲁晓夫是何等尴尬和难堪。如果回答就必然要自暴其短；而如果不答，把纸条丢到一边，装做什么也没发生，那只会表明自己怯阵了，结果必然会被在场的人们看不起，丧失威信。

看着台下的听众，他知道，这次必须作出回应。赫鲁晓夫想了想，便拿起纸条，大声念出了上面的内容，然后向台下喊道："写这张纸条的人，请你马上从座位上站起来，并走到台上来！"台下鸦雀无声。赫鲁晓夫又重复了一遍，但台下仍然是一片死寂，没有人敢动弹一下。

然后，赫鲁晓夫淡淡地说："好吧，就让我告诉你，当时我就坐在你现在所坐的位置上。"

从这个故事中，我们不仅可以看出赫鲁晓夫的机智，而且还可以知道，面对公共场合的尴尬，如果针锋相对，正面出击，很有可能使自己无法下台。这时，不如采取迂回的心理策略，换一种思维方式，从容应对，说不定就可以使尴尬遁于无形。

无独有偶，俄罗斯有一位著名的马戏丑角演员叫杜罗夫。他的表演生动形象，惟妙惟肖。许多观众在看他的表演时，总是乐得捧腹大笑，而笑过之后，便继而进入沉思之中。也因为这样，杜罗夫的形象更为深入人心。不过，正所谓"人怕出名，猪怕壮"。名气越来越大的杜罗夫也免不了受别人的冷嘲热讽。

有一次，杜罗夫在演出休息时，一位不速之客走到了杜罗夫面前，神情傲慢地问道："丑角先生，观众非常喜欢你吗？"

生性机警的杜罗夫感觉到对方不怀好意，便不动声色地回答道："还好。"

没想到，那人紧接着便咄咄逼人地质问道："作为马戏班中的丑角，是不是必须生来就有一张愚蠢而又丑陋的脸，才会让观众喜欢呢？"

这人以为，此时的杜罗夫会感到无地自容。谁知，杜罗夫在感受到短暂的尴尬后，非常平静地对那人说："先生，真可惜啊！如果我能生一张像您那样的脸的话，我准能拿到双倍的薪水。"

杜罗夫的这句话，一下子使那人自讨没趣，只好悻悻离去。

可见，杜罗夫不但有着高超的演艺技巧，在面对尴尬时也有良好的心理修养。要知道，遇到恶意的刁难时，与其暴怒，不如平静下来，用对方的讥讽回应对方，说不定可以使尴尬消失得更快。

如果尴尬产生了，就要稳定情绪，从容应对，调动各种智慧，使自己尽快走出尴尬的境地。如果确实是自己错了，不如主动诚恳地认错；如果是由于自己举措不当或某些缺陷，受到别人的议论讥笑，那不如开个玩笑，调侃一下，来个自我解嘲；如果是有人故意冷落自己，或者对方不通情理，那就不如从容应对，巧妙回应。

总之，面对尴尬，一定要从容、镇静，不要纠缠于琐事之中。事情过后，也不要总是耿耿于怀、悔恨、羞愧，形成沉重的思想负担，甚至因而影响了自己的健康。

勇于自嘲，用"开涮"拉近心理距离

有这样一种人，他们在面对僵局的时候往往会自己嘲讽自己。他们这样做，是因为他们懂得利用自嘲可以拉近与他人之间的心理距离。

所谓"自嘲"，顾名思义，就是运用嘲讽的语言和口气，自己戏弄、嘲笑自己。说白了也就是要拿自身的缺点、弱项甚至是生理缺陷来"开涮"，然而，从自嘲者的本意来看，又并非止于自我嘲弄，而主要是为了展示自己的幽默，并拉近与他人之间的心理距离。

从表面上看，自嘲就是对自己的丑处、羞处不予遮掩、躲避，反而把它放大、夸张、剖析，然后巧妙地引申发挥、自圆其说，博人一笑。但实际上，自嘲者若是没有豁达的心胸、乐观的态度也是肯定不行的。可想而知，自嘲者的胸怀是那些自以为是、斤斤计较、尖酸刻薄的人难以望其项背的。同样，自嘲也一直都是缺乏自信的人不敢而且不愿使用的心理策略。

自嘲者敢于将自己的不足暴露给别人，敢于用这种看似危险的方式来与对方拉近心理距离，因此，敢于自嘲的人，要么是一个傻子，要么是一个心理博弈的高手。在一位富商举办的酒宴之中，就出现了这样一位敢于自嘲的人。

在一次晚宴中，服务员倒酒时，不慎将啤酒洒到一位宾客那光亮的秃头上。服务员紧张得手足无措，主人与来宾也都不知所措，局面一时十分尴尬。在这种氛围下，这位秃头来宾却微笑着对服务员说："老弟，我的脱发问题已经治疗了许久都没什么效果，难道你以为这种治疗方法会有效吗？"在场的人闻言大笑，尴尬局面即刻被打破了。主人对于这位宾客的大度也十分感激。这位宾客借助自嘲，既展示了自己的大度胸怀，又维护了自我尊严，消除了耻辱感，也使得自己的形象在所有人的心中更加亲切了几分。

我们不得不承认，西方的幽默文化底蕴深厚，他们可以在举手投足之间将这种幽默展现得淋漓尽致。因此，相较于东方人，西方人可能会更懂得利用自嘲进行心理博弈，善于用自嘲的方法展示幽默，同时博取对方的亲切感。

有一次，美国总统里根访问加拿大，在一座城市发表演说。在演说过程中，有一群举行反美示威的人不时打断他的演说，强烈地显示出反美情绪。里根是作为客人到加拿大访问的，作为加拿大的总理，皮埃尔·特鲁多对这种举动感到非常尴尬。面对这种困境，里根反而面带笑容地对他说："这种情况在美国经常发生，我想这些人一定是特意从美国来到贵国的，可能他们想使我有一种宾至如归的感觉。"听到这话，在场的人和尴尬的特鲁多都禁不住笑了。

无独有偶，另外一位美国总统杜鲁门，也是深谙自嘲之道的高手。

有一次，美国总统杜鲁门会见麦克阿瑟。麦克阿瑟是一位十分傲慢的将军。会见中，麦克阿瑟拿出他的烟斗，装上烟丝，把烟斗叼在嘴里，取出火柴，当他准备划燃火柴时，才停下来，转过头看着杜鲁门总统，问道："我抽烟，你不会介意吧？"显然，这并不是真心征求意见。在他已经做好抽烟准备的情况下，如果对方说介意，那就会显得粗鲁和霸道。这种缺乏礼貌的傲慢言行使杜鲁门有些难堪。然而，他只是狠狠地瞪了麦克阿瑟一眼，自嘲道："抽吧，将军，别人喷到我脸上的烟雾，要比喷在任何一个美国人脸上的烟雾都多。"

从上述两则故事我们看到，当令人难堪的事实已经发生，运用自嘲，能使你的自尊心通过自我排解的方式受到保护，不至于失去平衡。适时、适度的自嘲，不失为一种可以体现自我良好修养、充满活力的心理博弈策略。自嘲不但能制造宽松和谐的交谈气氛，而且可以使人感到你的平和与人情味。

嘲笑，如果对象是他人，就会锐利如刀；如果嘲笑自己，却是拉近与对方心理距离的良药。不过需要提醒读者注意的一点是，自嘲也只能适度，不能自嘲到让别人觉得必须来安慰你，否则别人又觉得你太自卑了，这也就失去了自嘲的意义。

在日常生活中，当我们面对僵局时，如果怨天尤人，有时不仅不能化解矛盾、减轻内心的苦恼和解决问题，反而适得其反。这时候，不妨来一点自嘲，变严肃为诙谐，化沉重为轻松。

消除戒备，多让他人说"是"

在人际交往中，人们最怕的是被人拒之门外，这样，即使你有经天纬地之才，也没有人愿意听你纵横捭阖。所以，要想他人消除戒备，要想不被他人拒之门外，就得多让他人说"是"。

所谓僵局就是指双方处在僵持不下或困窘的局面之中，毫无疑问，这种局面在陌生人之间更容易出现。因为陌生，人们会在心里彼此戒备；因为陌生，人们会对你的言谈举止产生怀疑。因此，如何打破这种因陌生而产生的僵局也就成了心理掌控术的要害，尤其是对于那些不善交际的人来说，这个问题显得尤为重要。

著名心理学家奥弗斯特里特在其所著的《影响人类行为》一书中，对解决这个问题提供了一个切实有效的方法。他称这种方法为"获得肯定回答的艺术"。他在书中曾说道："我们得到他人愈多的'是'，我们就愈能为自己走进他人的心理争取主动权。推销商品也好，其他的一切需要使他人信服的事也罢，这一法则都很有效。利用这一法则可以有效地打破因为陌生而产生的僵持局面。"

一个专门从事故事书推销的人来到了一户人家，当他走上三级台阶，穿过一扇半掩着的门，看见了屋里的女主人时，如果他不懂得心理掌控术的话，他会直接问："你想买一套美丽的故事书给孩子吗？"

如果他这样问，女主人很有可能会说："不需要！"然后就用力把门关上。

可是，聪明的推销员是不会以这种方式开始与他人谈话的。他说："太太，您有一位少爷和一位小姐在小学读书吧？"

"是！"

"您的孩子平时都喜欢看书吗？"

"是！"

"您觉得看书对孩子有帮助吗？"

"当然有！"

"那么，您看看我们出版的这本故事书怎么样？"

……

这样，推销员就在亲切的询问中，渐渐地消除了女主人的戒备心理，在不知不觉中，他已经接近了女主人。虽然，他不一定能从这里拿到什么订单，可是，至少他已经有了一个良好的开端。

可见，在人际交往中，当人说"是的"或心里这么想时，我们就已经接近他了，因为我们非常了解他的需求，还特别尊重他。因此，他也同样会关注我们，并表现出十分温和的态度。有时，如果我们与他人打交道得不到对方一个"是"的回应，我们最好想方设法不让对方说出"不是"这个词。

第一次世界大战前夕，还没当上美国总统的胡佛想让英国当时的财政大臣，后来的首相劳合·乔治采纳一个有关战时比利时财政计划的重要建议。劳合·乔治在看了胡佛的备忘录后，认为这一建议并不合适，想与胡佛另行沟通，想告诉他自己的意见。

对于劳合·乔治可能有的态度，胡佛早就做好了准备。因此，在与劳合·乔治谈话之前，他就先让劳合·乔治陷入他的重围之中。在劳合·乔治准备给胡佛泼冷水之前，胡佛就很仔细地将他的想法和动机，以及计划的必要性与执行的方式向劳合·乔治进行了解释。他不断地陈述自己的想法，使劳合·乔治根本插不进嘴去，只能听着……胡佛明白什么时候适合说话，什么时候应保持沉默，他很清楚，这次应该是劳合·乔治听他说话。

　　就在胡佛仍滔滔不绝地说话时，劳合·乔治就已经改变了先前的主张。胡佛停止说话后，劳合·乔治静静地坐了很长时间，才说："本来，我与你交流是想告诉你这件事是根本行不通的，可现在我觉得它可以实行，而且应该实行。因此，我会立即做一些必要的安排。"

　　高明的胡佛知道，要想让自己的计划得以实施，就要尽力阻止乔治说"不是"。不过需要注意的是，这种不让对方开口说话的方法，并不是放之四海而皆准的，需要使用者对症下药，量体裁衣，否则就会适得其反。

　　比如，有一些推销员在与客户的交谈过程中，总喜欢滔滔不绝地给客户介绍产品，而不给客户安静思考的机会，客户只好不停地点头，嘴里不住地说："是，不错，东西很好，我们要好好研究一下……"但心里却很不高兴。最后，客户十分有礼貌地把推销员送出了大门，而推销员还在纳闷：到底是自己的产品不好，还是自己介绍得不好。

　　其实这类推销员的策略虽然貌似与胡佛所采取的策略相似，但在根本上，推销员与胡佛最大的区别就是胡佛掌握了谈话的度，给了对方思考的时间，而推销员就错在没有给客户自己做主的机会。当客户觉得自己连考虑的机会都没有，连自己做决定的机会都没有时，他还哪有购买产品的欲望呢！人际交流，如果一方发现自己并没有被对方尊重，纵然对方说得再好，他也不会有与对方交谈的兴致。

沉默是金，少说胜过多说

当双方的谈话处于僵持的状态下，话说得多，说服力未必就强。英国文豪托马斯·卡莱尔有句名言：雄辩是银，沉默是金。意思是说，当别人情绪激动，并极力辩驳的时候，你要保持沉默，不做无谓的争论。适时的沉默不是退缩，更不是懦弱的表现，而是以静制动的策略，是一种化解僵局的有效方法。

僵局在很多时候都是因为双方沉默而造成的，不过大家往往忽视了僵局的另外一种形成原因——争辩。不可否认，双方互不相让的争辩也有可能会让局面成为死局。最直接的表现就是谁也不能说服谁。

当谈话双方陷入僵局，如果你想要劝说别人，想让对方接受你的建议时，最好的办法是不要据理力驳。通常来讲，当你努力辩驳时，对方的情绪一定会更加激动。他也许不会虚心接受你的见解，反而会反唇相讥，使出浑身解数为自己开脱。在这种情况下，选择沉默可能是一招高明的心理策略。三国时期，曹操的谋士贾诩就是深谙此道的高手。

三国时期，贾诩是曹操的谋士。曹操的儿子曹植才思敏捷，聪明能干，深得曹操的宠爱。曹操决心立曹植为嗣。废长立幼在封建社会被认为是不合常规的政治举动，往往会引发战乱。大臣们都据理力争，想说服曹操放弃这个决定，但曹操不愿听从臣子的意见，结果双方的关系弄得很僵。

有一次，曹操屏退左右侍从，引谋士贾诩进入密室，向贾诩问话，贾诩却沉默良久。曹操再问，贾诩还是不回答。最后，曹操生气了，责问贾诩："和你讲话却不回答，到底为何？"贾诩回答："对不起，刚才正好思索一个问题，所以没有立即回答。"曹操追问："想到了什么？"贾诩说："想到了袁本初、刘景升两对父子。"曹操读懂此话后大笑，决定放弃废长立幼的决定。

袁本初、刘景升是怎么回事呢？袁本初即袁绍，是东汉末年崛起的军阀势力。袁绍有四个儿子：谭、尚、熙、实。但袁绍喜欢二儿子袁尚，决定将他培养成接班人。大儿子袁谭很不服气，于是与二儿子袁尚各自组成一个派别，明争暗斗，最后两败俱伤，曹操坐收渔人之利。刘景升即刘表，东汉末成为一方霸主。刘表和妻子都喜欢小儿子刘琮，想立他为继承人，把长子刘琦赶到江夏做太守。许多大臣便尊奉刘琮为刘家继承人，于是弟兄两个结下怨仇，终生不和。

贾诩明知劝阻废长立幼是一件难度极大的事情，但他也早已做了周密的考虑，设想了多种方案。曹操连续发问，难道他真的充耳不闻？贾诩故意引曹操发问，为自己创造一种说话的环境。曹操一追问，他便将曹操引向袁绍、刘表都废长立幼上，曹操就自然明白了废长立幼的弊端。

在人际交往中，沉默是一种智慧，更是一种力量。它会给人造成一种心理压力，使人感到没有依靠，觉得没底，捉摸不透你的心思，而适时运用沉默者则可以占得先机，从而打破僵局。如果说适当地运用沉默可以让你在与强势对手的心理博弈中占得先机，你一定会觉得这有些匪夷所思，那就请看下面这则故事。

周武王伐纣王推翻商朝后，听说商朝有个长者。武王就去拜访他，问他商朝灭亡的原因。这个长者说："大王真想知道，那就让我中午再来告诉你吧。"但到了中午，那位长者却没来，武王很生气，暗暗责怪他。可周公说："我知道了，这位长者真是君子呀！他义不诽主。和人约好了而不来，言而无信，这不正是商朝之所以灭亡的原因吗？这位长者已经以他的行为告诉大王了。"

如果我们仔细分析上述两个例子就会发现，无论是在贾诩与曹操还是长者与周武王的心理博弈中，表面上前者都是处于弱势地位的。比如，长者与周武王的心理博弈中，应该说从长者和周武王见面起，他自身就陷入一种僵局之中。如果长者直言商的灭亡之道，是对自己故国的不忠，而如果不说就会得罪现任的最高长官。智慧的长者正是运用沉默的力量，而使得自己成功地在这场心理博弈中占得了先机。

在处于僵局的状态下，越是情绪激动，越容易被认为是矛盾的挑起者。当你习惯于辩驳的时候，通常很难让人心服口服。即使他人表面上认同你的观点，但内心也不会对你有好感。于是，你赢了一场表面的胜利，但却因此丢掉了一个朋友，甚至树立了一个敌人，实在是得不偿失。美国有家保险公司，训练销售员的第一条准则就是"不要争辩"。因为推销不是辩论，不需要为不必要的细节，甚至不相干的事情而争论。

这种关于沉默的心理博弈技巧在现代已经被越来越多的人认识到。20世纪初，美国总统威尔逊的得力助手、财政部长威廉·麦克阿杜曾以多年的从政经验，告诉人们一个重要的道理："你不可能用辩论击败无知的人。"即便对方不是无知的人，即便你将对方攻击得体无完肤，赢了这场辩论，那又能怎么样呢？你还是输了，因为你伤害了对方的面子和尊严。所以，当你要与人争辩前，不妨先考虑一下，你到底要的是什么。是一个毫无意义的"表面胜利"，还是对方的好感呢？如果是后者，那就请你保持沉默吧。在争辩里，没有赢的一方，控制和战胜对方的一大策略就是避免争论，保持沉默。

巧用幽默，彻底打破压抑的气氛

一个幽默的人所带给人的感觉是智慧，是聪明，是机智，是豁达。因此，巧用幽默也被人们认为是展现个人魅力和亲和力的有效途径，更是在进行人际交往时经常需要使用的手段。在僵局之中，巧用幽默可以为你彻底打破压抑气氛。

要知道，有些人之所以在面对僵局时可以泰然处之，正是因为他们能善用幽默。俄国文学家契诃夫说过："不懂得开玩笑的人，是没有希望的人。"可见，生活中的每个人都应当学会幽默。多一点幽默，少一点气急败坏，少一点偏执极端，这样你在与别人进行心理战时就又多了一个武器。美国的著名影星保罗·纽曼就是一个懂得幽默的人。

保罗·纽曼凭借精湛的演技与叛逆的形象，成为好莱坞最受瞩目的男演员之一。1982年，保罗·纽曼为了祝贺纽约布鲁克林大学新设电影系，特地访问该校，主持了新片《恶意的缺席》的试映会，并参加学生的座谈。

有一位学生愤愤不平地说："我从收音机听到这部电影的广告——最后一场是拼得你死我活的枪战场面，可是实际上，片尾非常平和，像这种虚伪的广告宣传实在要不得。"

这位学生说得义愤填膺，现场的气氛顿时变得十分紧张。面对这种僵局，保罗·纽曼回答说："我完全不知道广播电台的广告内容。"他顿了一下，接着说，"不过，下一次的片尾一定会出现激烈的射杀场面。镜头上出现的是：我用枪打死了那位电台播音员。"

他幽默的回答引起哄堂大笑，也化解了紧张的气氛，赢得了更多影迷的爱戴。

通过上述故事我们知道，幽默是一种气质，是文明和睿智的体现。幽默，可以使愁眉不展者笑逐颜开，也可以使泪水盈眶者破涕为笑；可以为懒惰者带来活力，也可以为勤奋者驱除疲惫；可以为孤僻者增添情趣，也可以使欢乐者更加愉悦。

幽默的力量是无穷的，它可以使年轻人显得机智，使老人变得年轻；可以吸引众人的注意力，可以在一笑间缩短彼此的距离。而在各种紧张、尴尬的场合中，幽默更能发挥出非凡的作用，使所有令人不快的气氛一下子变得愉悦而轻松，使对立冲突、一触即发的态势转为和谐与融洽，还能使对方心悦诚服地理解、接纳你和你的观点。

鲁迅先生在大家心中的印象，一直是诙谐幽默的。一次，几个朋友和他谈起国民党的一个地方官僚下令禁止男女同在一个学校上学，同在一个游泳池里游泳的事。鲁迅先生说："同学同泳，皮肉偶尔相碰，有男女大防，不过禁止之后，男女还是一同生活在天地中间，一同呼吸着天地中间的空气。空气从这个男人的鼻孔呼出来，被另一个女人的鼻孔吸进去了，淆乱乾坤，实在比皮肉相碰还要坏。要彻底划清界限，不如再下一道命令，规定男女老幼，诸色人等，一律戴上防毒面具，既禁止空气流通，又防止抛头露面。这样，每个人都是……喏！喏！"鲁迅先生边说边站起来，模拟戴着防毒面具走路的样子。朋友们笑得前仰后合。

幽默能够迅速消除人与人之间的陌生感，并在对方心中留下好印象。通常，幽默是将生活中各种令人烦恼的问题以轻松诙谐的语言表达出来。不善于运用幽默的人们，如果想要在工作、生活中给人留下良好的印象，就请练习幽默，运用幽默的力量来帮助自己。这方面，我们不妨看看美国总统林肯是怎么做的。

林肯请朋友布劳德和他一起出去，他们亲切地说着话。当他们走到回廊时，士兵们一起欢呼起来。这时，一位副官请布劳德向后退几步，林肯立刻说道："知道吗？他们怕士兵们分不清哪个是总统。"

林肯善意的幽默解了布劳德的围。他只是开了自己一个小玩笑，就把布劳德从尴尬之中解脱出来。

和林肯一样，美国的著名外交家弗莱彻也是一位善用幽默化解僵局的人物。

弗莱彻在某次局势紧张之时受命担任驻智利大使。一位巴西大使带他到当地一家有名的俱乐部，并把他介绍给俱乐部的老板。这位智利的著名人士敷衍地和弗莱彻握手，然后说，如果弗莱彻以私人身份来智利的话，他很欢迎，但不喜欢他以美国代表的身份来到这儿。这个人不知道弗莱彻会说西班牙语，又用西班牙语对他朋友说："美国产的东西么，连根鞋带我都不屑去买。"

刚开始，弗莱彻一句话都没说。现在，他终于有了机会，他用西班牙语对众人说："诸位，我觉得自己失败了。改善两国之间的贸易关系就是外交的目的，可我又能做什么呢？我到这儿第一天，就看见鞋带在这儿已经没市场了。"

拉丁美洲人敏感得很，当他们听到弗莱彻用西班牙语说话就很惊诧了，而弗莱彻说话又这么幽默，他们就大笑起来，同时表示十分欢迎弗莱彻参加俱乐部的活动。

有时，在与别人交往中难免会发生一些不必要的摩擦，如果在这种情况下从容地开个玩笑的话，紧张的气氛就能消失得无影无踪，而且听众还会被你的魅力所吸引，被你的宽广胸怀所感动，最后真正接受你。

善于倾听，化僵局于无形

我们发现，在与人交往的过程中，适时地倾听要比夸夸其谈更受欢迎。而且，倾听也使你更了解对方的喜好与厌恶，更能准确地把握交往时的主动权。做一个倾听的高手，能让你的心理博弈之术更上一个新的台阶。

在日常生活中，人们往往将精力倾注于说和写，很少有人注意到对听的研究。然而想要在人际交往中获得成功，不但要巧于说话，更要善于倾听。现实中有很多事例可以证明，做到这一点并不容易。很多人并没有意识到需要学习有效倾听的方法，以致人们对倾听的作用有所漠视，从而使不善倾听成为自己前进的绊脚石。如果有一天，你也能像下面故事中的经理那样懂得倾听的作用，相信你也能够凭借倾听就将僵局化解于无形之中。

有一位顾客在某商店购买了一套西服，由于掉颜色的问题，要求退货。售货员便和他争执了起来，局面一时十分尴尬。商店经理听到争吵声，连忙赶过去。由于经验丰富，非常懂得顾客心理，商店经理三言两语便使已经被售货员气得要发疯的顾客恢复了平静。经理究竟采取了什么方法呢？

原来，经理赶到顾客面前后，先是微笑着诚恳地静静听顾客的抱怨和发泄。等顾客说完，又让售货员说话。当彻底了解清楚争吵的来龙去脉后，经理真诚地对顾客说："真是万分的抱歉，我不知道这种西服会掉颜色。现在怎么处理，本店完全听从您的意见。"

顾客说："那么，你知道有什么法子可以防止西服掉颜色吗？"

经理问："能否请您试穿一周，然后再做决定？如果到时候您还不满意，那么我们无条件让您退货，好吗？"

结果，顾客穿了一周后，西服果然没有再掉颜色了。

上面的商场经理，给了我们一些启示。经理之所以能够让已经暴跳如雷的顾客很快平静下来，关键在于，他能够认真地倾听顾客的不满。

在现实生活中，很多人犯的最大错误就是高谈阔论，自我表白，从来都是"我"字不离口，如："我想这样，因为我觉得我是对的""我的想法是……""我需要……"，他们普遍缺少倾听的耐心，对于别人说些什么很少认真地去听，而是只忙于考虑接下来说的话。

还有的人喜欢在别人说话的时候，抢别人的话头。虽然完全没有恶意要抢先，却会发生打断对方讲话的情形。比方说，对方正在提问题时，你打岔说："哦，我也想说这些呢。"或者对方反问之际，你连忙矢口否认："不！不是这样的！"像这样的谈话方式，最容易引起对方不满。由于无暇倾听，终使得他们不得要领，被拒之门外，失去一次次机会而不自知。

有位经理到大学去招聘职员，他对20多名大学生进行了反复核查，从中挑选出三名学生进行最后面试。其中前两位大学生在经理面前夸夸其谈，声称自己的能力如何高，如何强，并提出一大堆的建议和设想。最后这位学生则与他们相反，在面试时，一直耐心倾听经理的见解和要求，很少插嘴，只有当经理询问时，他才很简练地回答。在面试结束时，他委婉地说："我将注意您的要求，也非常赞同您的见解。如果我能被录用的话，还望您今后多多予以指导。"三天后，这位善于倾听的大学生接到了录用通知。

人们认为"倾听"就是简单地听清楚别人的说话，其实并没有那么简单。只要不是耳朵有问题的，都能听见对方的说话，但那不叫倾听，倾听是听到并能够理解对方的意思。比如，当你聚精会神地做一件事情的时候，周围有各种声音，你会听到，但你未必会注意到这些。有时人们听到对方说话，并且"看起来"是在倾听，而实际上他们完全没有注意到对方在讲什么。

而真正的倾听是有很多学问的。一个真正的聆听者在全神贯注地听的同时，会全力调动自己的已有知识、经验储备及感情，使大脑处于高度紧张的状态。当他接收到信息以后，会立即运用自己已有的知识、经验，进行识别、归类、解码，并做出自己的反应：有时表示理解，有时表示疑惑；有时表示支持，有时表示反对；有时表示喜悦，有时表示忧虑；等等。

这种积极的倾听，既有对语言信息的反馈，又有对非语言信息的反馈。当一个人听了一番观点新颖、信息量大的谈话后，听者的感觉常常比说者要疲劳得多，这是因为听者在听的过程中要不断地调整自己的分析系统，修正自己的理解，以便与说话人的思维同步。这种倾听常常使个人直接受益较大。

当你和对方的意见有分歧的时候，认真的倾听更是非常重要。它要求倾听者切忌高傲自大、目中无人、以自我为中心，而应当以谦虚、诚恳、耐心的态度，把别人的话听完，且不应轻视别人的意见。当对方完全把自己的观点表达完以后，再陈述自己的意见。倘若不遵守这个原则，可能会引起激烈的争论，以致谈话不投机，使局面变得更加尴尬。

踌躇满志的德怀特·弗罗是一名刚出道的美国外交家。他曾经任摩根的法律秘书，后来，柯立芝总统任命他为驻墨西哥大使。布鲁斯·巴顿说："这个差使相当困难，墨西哥是山姆大叔手上最敏感的手指头，去那里做大使可不是一件容易的事。"因此，对弗罗来说，第一次拜见墨西哥总统卡尔斯，是具有历史意义的一刻。

在这个关键时刻，弗罗运用了一个策略，使绷紧弦的墨西哥人和焦躁难安的美国人都因他的话而放下了心中沉重的石头。巴顿记载道："第二天，卡尔斯总统对一个朋友说，这才是真正进退有据的大使。"

究竟这位刚出道的大使对总统说了哪些话，运用了怎样的策略使卡尔斯总统对他赞赏有加呢？

巴顿告诉我们："弗罗根本没提那些应由大使负责谈判的严重问题，他只是称赞了厨师的厨艺，多吃了几块饼，抽了一根雪茄，并请卡尔斯总统谈了一些墨西哥的状况。内阁对国家有何希望，总统想做哪些事，对于未来，他有什么看法，等等。"

卡尔斯总统之所以能如此称赞弗罗，就是因为弗罗利用了一个策略：让他人掌握话语权。他诱使卡尔斯开口讲话，并非常注意倾听，无形中，弗罗就显示出对卡尔斯的尊重，这样便维护了总统的荣誉感并使其感觉自己受到了尊敬。

我们生活中的不少问题都是由和别人交流不畅引起的，交流问题的产生又和我们不善于倾听有关，滔滔不绝地讲话，并不能够解决问题，只有认真倾听，才能把握住别人的想法，然后，才能对症下药地去解决问题。所以，让我们把自己那些不利于倾听的习惯改掉，做一个"听话高手"，这样我们在心理博弈中才能无往不胜。

转变话题，跳出僵局

有时双方对一些问题各持己见，谁也不肯让步，这时局面就可能陷入尴尬之中。这种僵局显然是双方都不愿意看到的。因此，要尽量设法避免出现僵局。但是，在僵局已经形成的情况下，应该采取什么样的对策来打破僵局呢？这里告诉你一个交际高手经常采用的方法，那就是转变话题。

转变话题是打破僵局的一个比较常规的办法。比如在谈判中，通常是大家心照不宣，当谈判一旦陷入僵局，彼此都在等待对方先做让步，以便乘虚而入，因此双方开始比耐心。但是，如果双方都不肯妥协让步，这样僵持下去对大家都没有好处。因此，以一种适当的方式跳出僵局，是此时谈判双方的一种共同的愿望。这时，如果某一方代表能够及时转变话题，或讲个小笑话，大家一笑，紧张的气氛就可能化解，双方就可以继续谈下去。日本首相中曾根康弘在与苏联共产党总书记戈尔巴乔夫在克里姆林宫进行会谈时便出现了这样的一幕。

1988 年 7 月 22 日，日本首相中曾根康弘同苏联共产党总书记戈尔巴乔夫在克里姆林宫进行会谈。整个会谈高潮跌宕，扣人心弦。

戈尔巴乔夫有一次竟用拳头将桌子敲得砰砰作响。他气愤地声称："据说，在日本居然有人说什么'今后只要日本持续不断地增强经济力量，苏联便将乖乖地屈服于与日本的经济合作'。殊不知，这是大错特错的，苏联绝不屈服。"中曾根康弘也不示弱，他以强硬的口吻反驳道："尽管如此，两国加深交往也是重要的。阻挠两国关系发展的，正是北方领土问题。铸成这个问题的原因在于斯大林错误地向属于北海道的岛屿派遣了军队。"

中曾根康弘接着语气和缓地说："我毕业于东京大学法律系，你走出的是莫斯科大学法律系的门槛。我们俩同属法律系毕业生，理应了解国际法、条约和联合声明是何物。国际上都承认日本的主张是正确的。"这时戈尔巴乔夫总书记脸上荡起一层愉快的笑容，微笑着答道："我当法律家亏了，所以变成了政治家。"此语一出，巧妙地避开了中曾根康弘话题的锋芒。

因为代表各自的利益，恐怕很难轻易地让步，谈判期间必有一番唇枪舌剑的苦斗，有时甚至到了剑拔弩张的地步。本来双方针锋相对，很容易使谈判陷入僵局，但戈尔巴乔夫幽默的一句话，使得话题得以转变，会谈的紧张气氛得到了缓解，谈判得以继续进行。其实，话题的转移有相当的难度存在，须有对语言驾轻就熟的技巧。话题转移得不好，有时虽然能暂时缓和一下紧张的气氛，但对于大局并没有什么益处。

转移话题必须视具体情况和对象因地制宜，就近转移，不能不着边际，随心所欲，风马牛不相及。转移的话题主旨也不能变，虽然说是转移，但必须与正题有关，不管绕多少圈子，"牛鼻子"始终不能放，做到"形散神不散"。

在僵局之下，你必须具有足够的耐性与拥有不急于达成协议的条件，才有可能等待对手提出新方案。因此，你如想等待对方提出新方案，必须做好长期等待的心理准备。这时，如果单纯地做出一定的让步，虽然有可能打破僵局，但这样常常会使谈判朝着不利于己的方向逆转。而且这正好暴露出你急于求成的心理，对方会利用你这种心理，迫你做出让步。你稍做让步，对方会认为你软弱，因此往往得寸进尺，以谋求更多的利益。所以，面对这种情况，就只有硬碰硬，结果又出现了僵局。

这种情况下，一方主动转变一下谈判话题，从侧面表示希望双方共同努力来打破僵局，对方如果真有谈判诚意，对你的言外之意当然一清二楚，一般会做出相应的反应。这样，就有可能打破僵局，使谈判能进行下去。

第二章

洞察人心的心理博弈

古人说："画虎画皮难画骨，知人知面不知心。"电影《画皮》的主题曲——《画心》唱道："看不穿，是你失落的魂魄；猜不透，是你瞳孔的颜色……画着你，画不出你的骨骼……"

可见，在这个世界上，人心是最难捉摸的，要想洞察他人的心理，就得学会观察他人的言行举止，以避免被其表象迷惑，做出不明智或者错误的举动，以免受制于人。

见微知著，洞察对方的品性

人的一举一动、一言一行，无不见出其学识修养。同样，通过研究某人具体的设计用谋，去粗取精，去伪存真，由此及彼，由表及里，也能品析出其胸怀韬略。此种见识便是人们常说的"落一叶而知秋，饮一瓢而知河"。想要成为心理博弈的高手，见微知著的本领自然不可或缺。

生活中，我们每天都与周围的人打交道。每个人的先天禀赋和后天经历的不同，使得每个人的性情、心理千差万别。同时，由于人性上的弱点，人们有时在与其他人交往时会戴上面具，把真实的自己隐藏起来，让人难辨真假，这就使得人际交往变得复杂和困难起来。所以，要想在人际交往中占据主动，就要练就一双洞穿人心的火眼金睛，不动声色地看清他人的内心想法。汉景帝就是这样一位独具慧眼的辨人高手。

汉景帝时期，周亚夫是重臣。他因为在平定七国之乱时立下了赫赫战功，所以官至丞相一职，常常为汉景帝献计献策，对国家忠心耿耿。一天宴请周亚夫时，汉景帝特意给他准备了一大块肉，但是肉没有切开，也没有准备筷子。周亚夫很不高兴，就要求内侍官员拿双筷子过来。汉景帝笑着说："丞相，我把这么大一块肉赏给你，难道你还不满足吗？还向内侍要筷子，太讲究了吧！"周亚夫见状，急忙下跪谢罪。汉景帝说："既然丞相不用筷子吃肉不习惯，也就算了，宴席到此结束吧。"于是，周亚夫向皇帝告退，但心里非常郁闷。

周亚夫的一举一动都被汉景帝看在眼里，汉景帝叹息道："周亚夫既然不能忍受我对他的不礼貌，那么又如何忍受少主年轻气盛呢？"通过吃肉这件小事，汉景帝试探出周亚夫不适合做太子的辅政大臣。汉景帝认为，周亚夫要用筷子吃肉是一种非分的做法，作为安守本分的臣子，应该按君主的要求用手把肉吃完。依此推断，如果周亚夫辅佐太子，肯定会有非分的想法，所以放弃让他做太子的辅政大臣。

汉景帝通过一件平常小事，通过细节获知了一个人的真正品性。这种识人于微处的办法很有效果，值得我们在人际交往中适时运用，但需要注意的是不要太过主观以至误解他人。

从小细节可以看出一个人的内在品质，这就是见微知著。一个人如果不能准确地洞察他人的品性，就容易被他人的表象所迷惑，对本该警惕的人没有警惕，掉进他人的圈套，给自己带来不利。

知人之难，虽不能说难于上青天，但是很多人确实没有解决好这个难题。究其原因，一个难点在于人心隔肚皮，难以彻底洞察。有的人表面上像一朵花，背地里却握着刀；脸上露着诚恳的笑容，脚底下却使绊子。

很多具有丰富人际交往经验的人，都懂得见微知著的道理，他们往往在微小的细节上就能洞察人或事的本质。所以，从生活中的细节识人，是人际交往中的一种大智慧。这种源自生活的大智慧不仅仅是中国独有，在外国也是十分盛行的。

当美国加州大学对来应聘的校长候选人挑选到还剩四人之时，特地发出一个邀请，把四位候选人连同他们的夫人一起接到学校住了几天，再通过实际生活加以观察。原来他们是这样认为的：假如一个校长夫人的品格不高，那么校长的工作实际上将会受很大影响。结果真的因此淘汰了一名候选人。

在日本，也曾有过相似的例子。

日本住友银行在招考干部时，其总裁曾出过这样一个试题："当本行与国家利益发生冲突，你认为应如何处理？"许多人是这样回答"应该为银行的利益着想"，总裁认为不能录用；而另一些人答"应以国家的利益为重"，总裁认为这样的回答仅仅及格而已，不足以录用；只有一个人这样回答："对于国家利益和银行利益不能兼顾的事情绝不染指。"总裁的评语是"卓有见识，加以录用"。这件事对应该如何知人有很大启发作用。

想要知人，不但要善于观察，还要善于分析，更应分析多方面的因素才能得出最终的结论。

试探虚实，让真实意图无处藏身

社会中有许多伪装的现象，如果你不懂得虚虚实实的奥妙，就无法看清很多东西的本来面目。若想看清事物的本质，试探是一种比较好的方法。

　　试探是心理博弈的一种重要手段，比如对方说了一句意思不明朗的话，如果你想获悉对方的真正意图，你就可以去试探对方。试探的办法很多，有的人喜欢旁敲侧击套取真话，有的人喜欢用弦外之音暗示他人，甚至还有用反激的方法加以试探的。试探的手段不拘一格，目的却只有一个，那就是得到实情。在西安事变中，杨虎城对张学良的试探，就属于旁敲侧击。

　　著名的西安事变中，张学良和杨虎城最初并不是知己，而是上下级关系。在这样的情况下，杨虎城就是用试探的方法获悉了张学良的真实想法。

　　当蒋介石不顾民族危亡，坚持"剿共"时，张、杨两位将军感到痛心疾首。在这种形势下，张学良和杨虎城会晤频繁，都有心对蒋发难。在这个事关民族危亡的大事上，两人都不敢轻易表明"反蒋"态度。眼看形势越来越紧迫，双方都欲说还休。

　　杨虎城手下有个叫王炳南的人和张学良认识。在一次的会面中，杨虎城故意说："王炳南是一个激进分子，他主张扣留蒋介石，然后联合共产党抗日！"张学良马上回答道："我看这也不失为一个救国的办法。"于是两人开始商谈这次的行动计划。

　　当时，张学良的实力比杨虎城强得多，且张又是蒋的拜把子兄弟。杨虎城如果直接把自己的观点和盘托出，万一张学良不赞同，那么杨虎城就惨了。于是，杨虎城便借第三者传出心声，即使不成也可全身而退，另谋他策。这种做法攻守兼备，妙不可言。

　　最后，张学良、杨虎城发动兵谏，扣留了蒋介石。然后迫使其与共产党联合起来，一致抗日。

可以说，正是杨虎城的小小的试探成全了张学良的千古功名。如果杨虎城不对张学良进行试探而贸然行事，就可能不会成功地达到目的。所以，通过试探得到真情，是一种了解他人真实想法的好办法。

威廉·约翰斯是乔治·巴滕公司的经理。一天，他随口对巴顿·德斯廷，澳斯本公司的副经理说了一句十分有效的话。

就是这一句话，促成了一个新公司的诞生。据德斯廷回忆，当时约翰斯说："前天晚上，我发现我们两家公司的经销处在客户方面并没什么实质性的冲突。"

德斯廷问："你什么意思？"

"啊，其实，这和你没什么关系。"约翰斯边说边笑着走开了。

此后的几个星期里，他们都没有交流。

实际上，约翰斯看似随意的话已经让德斯廷十分上心了。

约翰斯是在建议两个公司合并吗？德斯廷想仔细研究一下。于是，在两人第二次会面时，规模宏大的合并就在这一个议题下开始仔细讨论了。

在这次合并中，约翰斯抓住了对方的感觉，使这次合并得以顺利进行，他不动声色地提出了一个要点，又用微笑将意图掩盖起来。就在这个过程中，对方已经接收到他想要传达的信息。约翰斯的目的十分明确：他想在正式提出自己的建议之前摸清他人的想法。

试探识真情，能避免使自己陷入被动中。当然，试探本身也包含暗示，让对方明白自己的意图，看看对方的反应态度。人的内心世界常常是一个打不开的"黑箱"，通过有目的的试探，就可以收到一些信息反馈，研究这些反馈信息和它们的变化规律，就能由此推断"黑箱"中到底是些什么东西。

所以，想要识别他人的真实意图和想法，试探是一条可以走的途径。需要注意的是，试探最好做到浑然天成，不能让对方看出你是在试探。不然不但得不到真实的情况，反而会被对方所利用。

巧用激将法，使对方不打自招

激将法是人们最熟悉的心理战的形式之一，简单说来就是通过刺激性的话鼓动他人达到自己的目的。激将法自古就有，古代兵书上所说的"激气""励气"之法和"怒而挠之"的战法都是激将法的不同形式。前者是对己和对友，后者则是对敌。

激将法主要是通过隐蔽的各种手段，让对方进入激动状态，如愤怒、羞耻、不服、高兴等，从而导致情绪失控，然后在无意识中受到操纵，去干你想让他干的事。说到底，人是感性的动物。所以在心理博弈中，必须想方设法调动感情的力量，来激发人的积极性，调动其热情和干劲儿。"激将"就是一种很好的策略。激将术一般有下列几种：用高帽赶鸭子上架；故意贬低，挑起人的好胜之心；吹胡子瞪眼睛，敲桌子点鼻子，惹人发怒；冷冷冰冰，或佯装不信，使人吐露真言。进行心理战的过程之中，一是看忍功耐心，谁更冷静；二是看谁扮演得更天衣无缝，使对方察觉不到自己的真实意图。

鲁文公元年，楚成王想废掉商臣，改立王子职为太子。商臣听说了这件事，但不知是否属实，就去问他的老师潘崇："我现在如何才能得知这件事的真伪呢？"

潘崇对他说："你现在要做的是宴请成王的妹妹江，席间故意对她不尊重，激她说出真相。"

商臣采纳了潘崇的建议。当商臣在席间对江无礼时，江非常愤怒，并大骂："好啊，你这个卑贱的东西，难怪君王想要废掉你，改立王子职为太子。"

商臣赶紧告诉潘崇："确实有这样的事。"

潘崇问商臣："你甘心做王子职的臣子吗？"

商臣说："当然不甘心！"

潘崇又问："那你会不会离开楚国？"

商臣说："不会。"

潘崇再问："那你敢不敢发动兵变弑杀君王？"

商臣答道："敢。"

同年十月，商臣率领东宫守卫包围了成王的宫殿。之后不久，成王上吊自杀。后来商臣即位，成为穆王。

潘崇激将一招非常高明。在那样的条件下，如果用"软"的方法来获得事情的真相，由于事关重大，他人必然是守口如瓶的，而难以奏效。然而潘崇选择了通过激怒他人，使他人的情绪不受控制，从而无意中吐露事情的真相。

用激将法识别真情，能使自己看清事实的真相。

1964 年 4 月，时任中国外交部长的陈毅元帅率团赴印度尼西亚首都雅加达参加第二次亚非会议筹备会。他和印度尼西亚总统苏加诺一见面，就发现双方意见不一致。按苏加诺之意，第二次亚非会议的地点仍在印度尼西亚的万隆，时间就定在当年。陈毅则说了自己的想法：第一次亚非会议已在万隆开过了，第二次亚非会议的地点应从非洲国家中选。

显然，双方的观点不一致，这就给筹备会投下了阴影，埋下了争执的导火索。为了坚持观点，说服苏加诺而又不失和气，达到寻求共同点、广泛团结国际友人的目的，陈毅从替别人着想的角度出发，充分尊重了对方，照顾了苏加诺这个前东道主的面子，以便使苏加诺改变主意，接受自己的观点。他对苏加诺总统说：

"非洲的独立国家有 40 个之多，总统阁下如果主张在非洲开，就是支持了非洲的斗争，这样你就站得高、看得远，顾全大局，表现了政治家的风度，证明了你没有什么私利打算，你去发言就响亮。"

这恰似设身处地为苏加诺着想的婉转辩词，丝毫没有固执己见的火药味，它充分体现了周恩来总理首创的万隆精神，又高瞻远瞩、鞭辟入里，简直就像苏加诺的顾问在为其出谋划策。苏加诺听后，觉得很有道理，但他似乎有碍于情面，虽然点头称是却不愿完全放弃自己的观点，仍坚持当年开。

机敏的陈毅元帅发现问题有了转机，于是趁热打铁，又幽默诙谐地说：

"你是总统，我是元帅，我给你当个参谋长，你要不要呢？"

如此和缓、商讨性强的语言，既照顾了苏加诺的情面，尊重了这个前东道主的地位，又充分体现了寻求团结的万隆精神。苏加诺自然无法回绝，唯有称是。

"激将法"中的"激"，确切地说，就是要从对方在意的角度去激对方，让对方感到不再是愿不愿意去干，而是应该，必须去干。但是激将法在实施的过程中一定要考虑到对方的实际思想状况和个人能力、个性和心理承受能力以及其他的一些重要因素，对其期望、刺激要适度和适时。为此，主动实施激将法的人必须经常和实施对象进行"心理换位"，以实现心理上的沟通和"相容"，保证"激将"的可接受性，发挥这种心理博弈的最大功效。

察言观色，辨清风向好使舵

察言观色是一切心理博弈中的基本技术。不会察言观色，就像船长不会根据风向来转动舵柄一样，很容易在风浪中翻船。

要想掌控人际交往主动权，做心理博弈中的赢家，就应该学会察言观色。学会察言观色可以助你洞悉他人的能力高低、长短优劣、性格特征、行为方式，读懂他人的真实意图，识破他人的谎言。而且懂得察言观色，可以让你提前判断哪里是对方的敏感地带，可以避免让自己陷入尴尬窘境。如果你不懂得察言观色，你就会像下面这位举人一样欲哭无泪。

一个举人经过千辛万苦，才得到一个陕西××县的县令职位。他第一次去拜见上司时，不知道该说什么。沉默片刻后，他忽然问道："大人尊姓？"这位上司大吃一惊，勉强说了姓×。这个人又低头想了片刻，突然冒出一句："大人的姓，百家姓中好像没有啊！"上司更加诧异，说："我是旗人，贵县不知道吗？"这个县令又起身说："大人在哪一旗？"上司说："正红旗。"县令说："最好的是正黄旗，大人怎么不在正黄旗呢？"上司怒火中烧，问："贵县是哪一省的人？"县令说："广东。"上司说："广西最好，你为什么不在广西？"县令吃了一惊，这才发现上司满脸怒气。第二天，上司命令他回广东任教，撤掉了他的县令一职。究其原因，便是这位县令不会察言观色。

在人际交往的过程中，你掌握对方的信息越多，达到目的的可能性就越高。那么，当你们还不熟悉的时候，如何知晓对方的内心世界？这就需要发挥你察言观色的能力。言辞能透露一个人的品格，表情眼神能让我们窥测他人内心，衣着、坐姿、手势也会在毫无知觉之中出卖它们的主人。

人心虽然是这个世界上最复杂、最难琢磨的东西，但这并不代表对别人的内心想法我们只能一筹莫展。仅仅从人的外貌、长相，以及穿着上就能了解一个人。另外，即便是城府再深的人，也难免会在一些细节上泄露自己的内心秘密。人内心的思想，有时会不知不觉在口头上流露出来，因此，与别人交谈时，只要我们留心，就可以从谈话中探知别人的内心世界。

子曰："不知言，无以知人也。"用白话说就是："不知道分辨别人的言论，就不能了解别人。"其实这里所说的"知言"，不仅仅指对方说了什么，套用现代语言，还包括肢体语言、身份背景、说话的语境，等等。例如：

说话时手势、动作过度夸张的人大多很虚伪；

说话时习惯左顾右盼的人，虽然随和，但缺乏耐心和持久力，多在住居及职业方面不太安定；

说话时，即便是轻微的声音也能吸引他注意的人，内心有秘密，而且容易改变主意；

说话语气抑扬顿挫，像唱歌一样的人，是幻想家，而且讲究浪漫气氛；

说话时口角唾液很多的人，自我意念极强，在做事方面易犯错误；

一边说话一边摇头的人，心中不安定；

说话时眉间皱纹集在一起的人，往往容易沉不住气；

说话时面带微笑的人，会很迅速地出人头地。

另外，人的面部可以表现出不计其数的复杂而又十分微妙的表情，并且表情的变化十分迅速、细致，可以真实、准确地反映情感、传递信息。虽然不是所有的人都喜怒形于色，但是即便是城府再深的人，也会因为一些不经意的表情细节而暴露内心的想法。纵使是被人誉为"春秋第一相"的管仲，也会因为脸色变化而被人探知其内心世界。

管仲有一次和齐桓公商量攻打莒国的事情，这是军事机密，他们都不曾对任何一个人说起过，但是不久大家都知道了这个秘密。原来是一位叫东郭垂的人泄的密，听说他是个非常有智慧的人，管仲便把他找来问："你怎么知道我要攻打莒国？"

　　东郭垂不慌不忙地说："君子有三种脸色常常会不自觉地流露出来，一是欣赏音乐时的那种自得其乐的脸色，二是家里有丧事时的那种悲哀凄清的脸色，三是要用兵打仗时的那种严肃愤怒的脸色。那天我远远地看到，您在台上的表情是严肃而愤怒的，这是要用兵打仗的脸色。您叹气而不歌唱，谈论的是莒国，您举起手臂指向的是莒国。而且，在那些小诸侯国中，没有降服的也只有莒国了。由此，我判断，您是准备要攻打莒国的。"

　　从上述故事我们不难看出，察言观色，有如"看云识天气"，对对方的表情、面相、打扮、动作以及看似不经意的行为，敏锐细致地观察，可在第一时间掌握对方的意图，了解对方的内心世界，从而随机应变，做出正确的反应。

肢体语言，此时无声胜有声

　　肢体语言又称身体语言，它经由身体的各种动作，代替语言以达到表情达意的沟通目的。因此，在日常生活中往往被人忽略的肢体动作，实际上都是可以读懂的语言。

　　使用肢体语言是每个人都具备的权利，根据不同的场合以及自己不同的目的，我们可以使用不同的肢体语言。无论是坚定有力的步伐，还是微微上扬的眉毛，抑或是昂首阔步走在众人前面……这些往往被人们忽略的肢体语言，其实同样是重要的表达手段。

　　心理学家们认为肢体语言对人们有至关重要的作用，举一个很简单的例子，它们可以巧妙地帮助你解决某些难题，而且能既显示出自己的强势同时又不会因此惹人生厌。权力、权威和坚忍是大部分男性想要展现的特质，但同时，他们又希望强势的形象不至于让人反感，甚至还希望传递出友好、亲切和真诚的信息。因此，能巧妙地运用手势、行为特征和面部表情等肢体语言对于想要展现自我的男性而言至关重要。

　　尽管肢体语言可以被人们用来传达信息，但如果你稍不留意，肢体语言也是泄露负面信息的"罪魁祸首"。因此，政治家的一些肢体语言就受到格外的关注。

　　俄罗斯的政界人物与国外政治人物们，在与俄总统普京会谈时举止各不相同。俄《共青团真理报》日前决定请专家分析那些与普京进行正式会谈的政治家身体姿势和手势有何种深意。为此，该报特意邀请了俄心理学家来进行分析。

　　心理学家首先列举了俄罗斯统一能源公司总裁安纳托利·丘拜斯与普京会谈时的例子，当时丘拜斯正准备坐在普京的对面，手里拿着一个笨重的公文包。令专家困惑不解的是，丘拜斯为什么在与普京会见时带着那么大的公文包，专家猜测，里面可能装着对政府有影响的文件。心理学家认为，丘拜斯是故意表现出一种神秘感，试图引起普京的好奇心。

　　2006年7月，美国总统布什与普京在圣彼得堡八国峰会期间进行会谈。心理学家认为，美国和俄罗斯两国元首各自紧扣双手意味着，这种情形令他们不愉快，他们感觉非常不舒服。而布什左腿看起来极不舒服，这也说明，他感觉在普京身边坐着时自己不是非常有信心，同时布什用手轻轻触摸了一下他坐的椅子，他是想让自己保持镇定。

2006年4月，德国总理默克尔在俄罗斯托姆斯克州与普京总统举行了会见。德国总理好像是在普京面前跳舞，而托姆斯克州州长克列斯正在用赞许的眼光注视着默克尔。心理学家认为，默克尔的姿势说明，她与普京在此之前曾进行了不简单的谈话，她试图用自己的动作来缓和这种气氛，而普京则向上抬了抬手，这说明普京在要求默克尔对会谈中所提到的问题做出明确的回答。

2005年秋，普京与白俄罗斯总统会面。专家认为，白俄罗斯总统卢卡申科坐姿非常坚挺，似乎在说，如果不达到目的誓不罢休，而相反普京则显得比较放松，准备"击退卢卡申科的攻势"。

一些表面上看似乎很简单的事情，其实都暗藏着一些微妙的玄机。比如，让某人先走过一扇门，不仅表示礼貌，更是此人位高权重的象征。如果你认为这些说明不够直接，那么你仍然可以在那些处处引人注目的政治家身上找到答案。比如，英国前首相布莱尔通常用上扬的眉毛表示自己同意并很在意别人的意见，同时也表示自己并不构成威胁；而美国前总统布什咬嘴唇的行为说明他很紧张。2001年当布什得知"9·11"恐怖袭击事件后，他咬嘴唇的反应是下意识的，也是十分明显的。另外在其他一些场合，布什也曾用这个小动作掩饰自己的焦虑。布什喜欢摆动双臂，用强有力的步伐展现他的阳刚之气；布莱尔则会在紧张时摆弄他左手的小拇指，在感到脆弱时会把手放进口袋，在受到威胁时通常会摸自己的胃部。

参议员约翰·麦凯恩曾经和当时的州长乔治·W.布什一起召开过一个新闻发布会。他说,他会支持布什州长的总统竞选。可是他说的是一回事,他的身体所表达的却是另一回事。这反映了麦凯恩参议员对竞选活动背后的州长布什仍然怀有不痛快和难受的感觉。媒体觉察到了这一点,于是就连续报道说麦凯恩的肢体语言和他说的话不一致。他们感觉到了他和布什在一起时的紧张和拘谨。他们看到的不是那个平时很放松的人。

从上文中我们不难发现,当你在与他人进行交流沟通时,即使不说话,也可以凭借对方的身体语言来探索他人内心的秘密,而对方当然也同样可以通过你的身体语言了解到你的真实想法。因此,人们虽然可以在语言上伪装自己,但是其身体语言却经常会"背叛"他们,破译了人们的身体语言,就可以为你判断他人想法提供准确的依据。

眼睛是窗户,揉不进任何"沙子"

人的眼睛可以表达出内心感受,无法虚饰隐匿,因此眼睛也就有"心灵的窗户"之誉。

一直以来,眼睛一直是我们最为关注的器官,它对人类行为习惯造成的影响也成为我们经常研究的课题。心理学家认为一个人的眼睛最能准确地表达出此人的感情和意向,目光的互相接触有时能够透露给你一些潜在的信息。

比如，从瞳孔的扩张或是收缩就能得到一些内心的独白：当人们进行亲密交谈或者谈兴正浓的时候，他们的瞳孔就会扩张；当人们"走神"的时候，他们的瞳孔就会收缩。事实上，除了瞳孔的变化可以泄露人内心深处的秘密之外，还有很多眼球的运动也都具有丰富的内涵。如果你想要通过关注别人的眼睛来获得一些有用的信息，那么我们建议你不妨从观察对方的眼睛入手。日本作家桦旦纯曾经在书中提到这样的一个实验，它证明了眼睛的作用。

美国心理学家爱德华·海兹曾注意到，读书入迷的人和对某些事物有浓厚兴趣的人，他们的瞳孔都会不同程度地放大，于是他就大胆假设：眼神与心理存在联系。为了证明自己的假设，海兹就做了一个有趣的实验。

海兹把婴儿照片、婴儿母亲的照片、男子的裸照、女子的裸照、美丽的风景照依次展示给参加实验的男性、女性看。

海兹检测了参加实验的人的瞳孔大小。海兹猜想，人的瞳孔可能会随着兴趣的强烈与否出现变化，而实验的结果也证明了这一推测。参加实验的男女都在看到异性的裸照时出现瞳孔放大的现象，比平时要放大 20%。此外，在看到"婴儿"和"婴儿的母亲"的照片时，全体女性和有孩子的男性的瞳孔都会放大；而对于风景照，所有人的反应都很小，甚至于一些人出现了瞳孔缩小的倾向。

实际上，读到这里我们已经不难得出结论，在人们的日常交往中，眼睛往往能泄露很多的隐含信息。在我国，回避眼神交流的原因是表示尊敬，演说者与听众相互谦恭地回避眼神交流。而西方观众则认为，回避与听众进行目光接触的演说者会让听众感到受到了忽视，也会对演说者的演讲失去兴趣，甚至还会蔑视演说者本人，认为"他很羞怯"。

除了演讲之外，"目光交流"在课堂上出现的频率也是很高的。老师们常常在课堂上提醒那些发呆的学生集中注意力。而最新研究发现，当学生的目光从老师脸上移开时，他们很有可能正在思考复杂问题的答案。

英国斯特林大学格威妮丝·多尔蒂·史尼登博士领导的研究小组在英国经济与社会研究所的资助下，对超过230名不同年龄段的学生进行观察，结果发现"目光转移"实际上有助于集中注意力。研究小组对一群4~6岁的孩子进行提问，同时对孩子们在回答问题时的反应和行为表现进行比较。结果发现，在被问到难度较大或是一些陌生的问题时，孩子们通常就会将目光转移至别处。如果问题是孩子们所熟悉的，此刻孩子转移目光的次数就会减少。

研究人员通过观察5~8岁的儿童发现，对于这些儿童来说，提问的人与他们是否熟悉并不重要，重要的是问题的难易程度。问题越难，他们越倾向于将目光转移向远处。用史尼登博士的话说："观察结果表明，孩子在思考有难度或不熟悉的问题时，会不自觉地转移目光，凝望远方。"

史尼登博士说："老师、家长和照顾孩子的人都需要知道，孩子的这种表现其实是'正在思考中'的信号。学生转移目光，望向窗外，或许是件好事。他们也许正在思考问题，在不断提升自己。而那些成绩退步的学生则很少往窗外望。喜欢经常转移目光、望向窗外的孩子在各种测试中成绩要好于其他学生。"

最后，史尼登博士下结论说，目光转移确实对思考有所帮助，因为这样可以通过抑制视觉上的分心而让人们注意力更集中。面部表情会使人分心。如果孩子一直盯着老师看，大脑会因为忙于处理视觉信息而无法集中思考。

当你发现别人的目光不停地转移的时候，肯定有什么事情让他们觉得不对头。某人会因为不喜欢你，或者对你不感兴趣，或者无法面对你，或者害怕你而避免跟你对视。在大多数情况下，撒谎的人会尽一切可能回避目光的交流。他们被一种愧疚的感觉所折磨，所以不想面对你。但是并不能因为某人眼睛看着别处就认定他一定在撒谎。此人也可能感到不太舒服，或者要自卫，或者有什么事情要隐瞒。人们也许不想让别人了解他们实际上是什么样的人而避免跟别人直接对视。他们也可能缺少自信，所以眼睛看着别处，以此希望你不要把他们看透。

手臂动作，反映对方心理

你必须明白手臂在日常交往当中的重要性。有时候，手臂不但可以在交往过程中发挥着对语言补充说明的作用，甚至可以让你以此来判断对方语言的真实与否。

当人们开始袒露心扉，或者想说真话的时候，他们很可能会在无意间摊开全部或部分手掌。与大多数传递微小信息的肢体动作一样，这完全是一个下意识的动作。

在法庭上，辩护人为当事人辩护时，常常展开双臂，把两只手掌展露给法官，以赢得法官对自己的信任。意大利人较多地使用这一姿势：当他们受到责怪时，便会在胸前摊开双手，做出"你要我怎么办"的样子。在做这种手势时，往往伴随着耸肩的姿势。戏剧中，尤其是在西方的各种戏剧中，很容易见到这一姿势。它不仅可以表现情绪，还可以显示出该角色的开朗个性。通过观察不难发现，小孩对自己所做的事感到骄傲，在向别人展示时，会摊开自己的小手掌；相反，当他闯了祸、做错了事或有什么顾虑时，就会不自觉地将手插入口袋或藏在身后。

在我们用来传递肢体语言信号的各个身体部位当中，手是最容易被我们所忽视的，但是，其作用却也是最大的。就像我们刚才提到的那样，每当孩子们撒了谎，或隐瞒了什么事情，他们通常都会把自己的手藏在身后。

如果你是推销员，当顾客向自己陈述拒绝购买的理由时，你一定要认真观察顾客双手的一举一动。因为，假如对方拒绝购买的理由成立，他们通常会将自己的手掌暴露于对方的视线之内。在坦率地说出拒绝购买的理由这一过程中，人们除了陈述理由，通常还会不时地亮出自己的掌心。不过，假如对方只是想找出理由搪塞销售人员，他可能也会说出同样的一番话，但是他却会将自己的双手隐藏起来，躲避销售人员的视线。

手臂除了能够帮助你判断对方的话语是否真实之外，同样也是你在人际交往中获得优势地位的有力工具。比如握手，握手看似是一个人人都会并且无关紧要的小动作，但是却能够影响今后你在与对方的交往中所占据的地位以及你们双方之间权力的归属：究竟你是能够控制全局，还是被对方所控制，你们之间到底谁会处于强者的地位？

有些人握手时，只是用手轻轻触摸对方的手，让人有漫不经心之感。这样的人性情温和，随遇而安，大多随和豁达，为人处世谦和，给人一种洒脱之感。与之处事，可大胆提出自己的意见，不必担心他会偏执。用双手握住别人的手的人，想以此来表现自己的诚恳、热情和真挚。

握手的姿势尽管千差万别，归纳起来它可以传达三种基本态度：支配、顺从、平等。在这三种基本态度中，平等的握手所传递的信息是：我们可以相处得很好。而支配和顺从的态度则正好相反。握手时，如果对方的手掌心向下行握手礼，应该立刻意识到对方的支配欲和垄断欲很强，这种掌心向下的握手方式无声地说明，对方认为自己在此时此地处于高人一等的地位。而与此相反，手心向上是一种用来表示妥协、服从和善意的手势；同时，这也是乞丐乞讨时惯用的一种表达哀求的动作。人们通常以此来告知对方：我的手中并没有武器。如果对方握手时掌心朝上，应该意识到，对方属于顺从型。这种人比较民主、谦和，平易近人，对对方比较敬仰。这种人往往容易改变自己的看法，容易被他人支配。

如果当别人霸气十足地将手心向下，用一种非常强势的姿态来跟你握手的时候，你该怎么办呢？采取此种握手方式的人通常性格孤傲，控制欲强，而且在大多数情况下，他也都是首先发出握手邀请的人。他们笔直僵硬的手臂以及向下的手掌迫使对方不得不为了配合他们而采用手心向上的弱势握手方法。

假如你发觉对方有意使用这种霸道的握手方式，而你又想轻松地化解对方犀利的进攻，取得与其平等的地位，那么不妨按照下面的做法去做。

当对方率先发出握手的邀请之后，你可以在伸手回应的同时向前迈出左脚，并立即跟进右脚。这样一来，你的整个身体重心就会前移。而此时此刻，你已经进入了对方的私人空间。

这样一来，你不但可以躲避开对方笔直的手臂，提前占据握手时的有利位置，而且可以使你通过握手取得交际控制权。当你迈出左脚的时候，你也就很自然地站到了对方的前面。对于你的对手而言，这是一种很大的威慑。

内心变化，表情也会随之变化

为什么说内心变化，表情也会随之变化呢？这是因为当一个人的大脑进行某种思维活动时，大脑会支配面部发出各种细微信号，形成不同的表情，这些都是人们不能控制而且也是难以意识到的。

我们知道，表情的变化是人们内心世界的外在体现，它时刻都在传递着各种各样的信息。既然如此，我们为什么不能通过这些表情变化，去了解别人的意图，去改善交流沟通的效果呢？如果我们在人际交往中，不但能够注意到对方的表情变化，还善于用表情

"说话"，那么，我们在与他人交流沟通时便会变得更为和谐、通畅。

文学名著《围城》中有这样一段话：

饭后谈起苏小姐和曹元朗订婚的事，辛楣宽宏大度地说："这样最好。他们志同道合，都是研究诗的。"……大家都说辛楣心平气和得要成"圣人"了。"圣人"笑而不答，好一会儿，取出烟斗，眼睛顽皮地闪光道："曹元朗的东西，至少有苏小姐读，苏小姐的东西，至少有曹元朗读。彼此都不会没有读者，还不好么？"大家笑说辛楣还不是圣人，但可以做朋友。

苏小姐是赵辛楣的意中人，但是她并不爱赵辛楣，她追求方鸿渐，可是方鸿渐又不爱她，于是她赌气嫁给了曹元朗。曹元朗曾经被方鸿渐等人取笑为"四喜丸子"，是个又老又丑又呆的人。大家对苏、曹的结合感到莫名其妙。赵辛楣所做的解释是一种幽默的讽刺，他所做的表情"笑而不答""眼睛顽皮地闪光"，与说话的内容协调一致，强化了幽默讽刺的意味，使谈话场合的诙谐气氛更加浓烈。

为了更深入地了解面部表情在交流时所起到的强化作用，让我们再看《红楼梦》第二十九回中的一段话：

二人闹着，紫鹃、雪雁等忙来解劝。后来见宝玉下死劲的砸那玉，忙上来夺，又夺不下来。见比往日闹得大了，少不得去叫袭人。袭人忙赶了来，才夺下来。宝玉冷笑道："我砸我的东西，与你们什么相干！"袭人见他脸都气黄了，眉眼都变了，从来没气的这样，便拉着他的手，笑道："你同妹妹拌嘴，不犯着砸他，倘或砸坏了，叫他心里脸上怎么过得去？"黛玉一行哭着，一行听了这话说到自己心坎儿上来，可见宝玉连袭人不如，越发伤心大哭起来。心里一烦恼，方才吃的香薷饮解暑汤便承受不住，"哇"的一声都吐了出来。紫鹃忙上来用手帕子接住，登时一口一口地把一块手帕子吐湿。雪雁忙上来捶。紫鹃道："虽然生气，姑娘到底也该保重些。才吃了药好些，这会子因和宝二爷拌嘴，又吐出来，倘或犯了病，宝二爷怎么过得去呢？"宝玉听了这话说到自己心坎儿上来，可见黛玉不如一紫鹃。又见林黛玉脸红头胀，一行啼哭，一行气凑，一行是泪，一行是汗，不胜怯弱。宝玉见了这般，又自己后悔方才不该和他较证，这会子他这样光景，我又替不了他。心里想着，也由不得滴下泪来了。

宝玉一边说，一边"冷笑"，"脸都气黄了，眉眼都变了，从来没气的这样"，这样的表情更加强化了他言语中的意思，使得周围的空气越发紧张起来，把众人都吓坏了。当他看到黛玉"脸红头胀，一行啼哭，一行气凑，一行是泪，一行是汗，不胜怯弱"，又后悔了，"由不得滴下泪来"。这一哭，眉眼于是恢复了原状，才把紧张的气氛缓和下来。

在交际过程中，有时不便说话，有时话语的力量不够强，有时嘴上说的与心里想的不一样……在这样的场合，人们往往用表情来补充暗示出自己内心的思想感情。在有些场合，说者的意思不适合用言语表达时，也可以用表情进行暗示。例如，一段在网上广为流传的新闻视频《九岁男童被绑架，怪异表情暗示民警》。

这段新闻说的是一位在外打工的男子绑架了一个仅有9岁的男

童。在火车站附近，聪明伶俐的男童冲着值班民警一个劲儿地做着怪异的表情。经验丰富的民警立刻意识到这里面有问题，便对胁迫男童的男子展开调查，最终成功解救了男童。

当时如果那个 9 岁的男童当众呼喊救命，很有可能会使得歹徒在情急之下做出一些不理智的举动。聪明的男童仅仅做了几个怪异的表情，向警察暗示，既传递出求助的信息，又使得歹徒不会被情势所逼，狗急跳墙。

叠腿而坐，看得懂的小秘密

作为肢体语言中最重要的一部分，腿部动作的一些细节也在传递着信息。只要足够用心，我们会通过一个人的腿部动作发现更多的秘密。当对方的双腿叠在一起，你能从中发现些什么？

腿部动作能够真实地反映人们的感受和想法。对于一个正常人来说，双脚控制起来是非常困难的。就因为没有注意腿部动作可以泄露秘密，第二次世界大战期间美国的一次"潜伏"计划遭到了沉重的打击。

第二次世界大战期间，美国的谍报人员活跃在德国本土，窃取了大量的绝密情报，让德国高层很头疼。一次德国情报部获得一份重要情报，称一批美国谍报人员潜入某城，正在实施一次大规模的侦探计划，其人数之多，让德国方面震惊。

如果坐等这批美国谍报人员行动起来，再采取行动，为时已晚。

德国情报部与各路专家探讨破敌之策，其中一位行为心理学家提供了一个识别美国谍报人员的方案。该方案提出的对策之一，就是观察体态，寻找突破口。

一天，德国方面了解到，美国谍报人员进入了某个重要鸡尾酒会的现场，于是派出特工人员进行清查。按照行为心理学家的建议，特工人员只要看到鸡尾酒会的现场人员中，有人坐在椅子上两腿交叉成"4"字，就礼貌地向前主动与其闲聊。如果他们稍有回避或回应欠自然，马上就可以判定他们是美国的谍报人员，随后委婉地约请他们到"幽静"的地方继续"聊聊"。

德国方面就是以观察两腿交叉成"4"字这一体态为突破口，仅一晚上就准确无误地抓获了24名美国谍报人员。

为什么两腿交叉成"4"字，就可以初步断定他是美国人呢？

原因是两腿交叉成"4"字，是典型的美国人叠腿姿势，在当时的具体场合中，一看使用这种姿势的人，马上可以断定他是美国人，这是其一。

其二，两腿交叉的体态，本身包含了两种心态，一种是紧张、恐惧；另一种是想凭借这种姿势使自己放松、镇定。在这种场合，有一定心理负担的人，才会不自觉地使用这种特定的体态。

其三，如果两腿交叉成"4"字，是自己一种长期养成的体态习惯，内心不存任何目的，当有人问到自己是哪国人时，是美国人会很自然地说出，不是美国人也会很爽快地说出。试想，一个人体态上流露出的是典型美国人的"4"字叠腿姿势，嘴上又不承认自己是美国人，称自己是某一国人时又吞吞吐吐，他是不是美国谍报人员便可想而知。

以上这个例子，说明了腿部的姿势包含着一定的语言信息，如果说把双臂交叉胸前，是为了保护心脏、乳房等上身较敏感的部位，那么交叠双腿则是为了保护下身的敏感部位。这上下两种防卫姿势，本身透出的就是负面的防卫态度，即紧张、不安全感。

心理学家艾克斯·莱恩教授，为了验证人们的心态与体态的关系，曾多次调查取证。一次在一个公司的高层管理会上，有5位营销人员列席参加，讨论的主题是营销人员的待遇。

参会的5位营销人员中，其中一位是高层领导们都熟知的推销员，这人以善于"挑刺儿"出名，这次他被推选为代表发言。他一上台开口讲话，几乎所有在场的高层领导都交叠起了两腿，并把上臂交叉在胸前，表情严肃地看着他，虽然高层领导没说一句话，但是人们从领导层防御性姿势中感觉到了紧张气氛。

在他讲话的过程中，心理学家艾克斯·莱恩发现，听众里的营销员代表都双腿平放地面，手臂自然摆放，并且伴随着身体前倾，头部稍稍倾斜，他们的整个体态流露的是感兴趣、想评估的神态，这与高层领导们防御、对立的姿势形成了鲜明对照。

但他也注意到有几位高层领导没交叠双腿，会后，艾克斯·莱恩教授对其进行了采访，问他们是不是对那位推销员的发言持赞同态度，他们表示不同意那位推销员的说法，他们之所以没叠腿，有的说自己太肥胖，叠不起来；有的说，自己有膝关节炎的毛病。

通过心理学家艾克斯·莱恩教授的验证，足以说明交叠的双腿传递的是负面的信息。有很多人说，坐着时扣着足踝或交叠起双腿，是一种感觉舒服的习惯，并不代表有负面的态度，这种说法也有一定的道理，譬如，女士夏天穿迷你裙，坐着时，交叠双腿当然是有明显理由的，久而久之，形成习惯。因此，考虑到流行服饰带给人们的习惯动作是很有必要的，尤其是影响女性腿部姿势的服饰。不过，有一点要说明，虽然你交叠双腿或紧扣足踝是一种习惯性的动作，感觉舒服，但在社交场合或职场中，请记住这种体态毕竟有防御性的负面态度，在你感到舒服的同时，也在向别人传递着你防御或负面的信息。

第三章

说服他人的心理博弈

生活中，我们随时都需要说服他人：说服父母、说服上司、说服顾客、说服朋友……甚至当你面临威胁时，你更应该临危不惧，巧妙地使用说服技巧，使他放下"屠刀"，避免造成严重的恶果。可是，说服也得讲究心理策略，如果不懂得说服的技巧，说服就难以达到理想的效果。只有把握好说话的分寸，才能把话说到他人的心里，才能有效地让他人听取你的意见！

掌握技巧，才能有效说服他人

人们常说一句话："说服人靠的不是技巧，而是一颗真心。"这话有一定道理。诚意和真心是说服人的重要因素，谁都无法否认。但是只靠诚意和真心并不能解决一切问题。此时，你要铭记：掌握技巧才能有效地说服他人。

诚意和真心固然重要，传达的方式不对，抑或是欠缺说服的"技巧"，还是照样行不通。所以，想要说服别人，你就需要掌握一些心理博弈的技巧。在这方面，我们不妨学习一下下面故事中的这位聪明的推销员。

美国费城电气公司的推销员在某州的乡村地区扩展业务，扩大用电客户的范围。一位推销员叫开一所住宅大门时，户主老太太听说是电气公司的，居然把推销员拒之门外。

推销员再次叫开门，从老太太打开的一道门缝儿中热情洋溢地招呼道："老太太，我是来买您家的鸡蛋的。"老太太半信半疑地打开门，望着推销员。推销员诚恳地说："我看见您养的明尼克鸡十分棒，准备买些鸡蛋回去烘蛋糕用。"老太太问他为什么跑这么远的路来此处买鸡蛋。推销员回答说："买棕色鸡蛋做出的蛋糕才好吃好看，别处销售的只有白色鸡蛋。"推销员接着与老太太攀谈起养鸡的种种经验，并夸赞老太太养鸡的收入高。闻听此言，老太太十分开心，便让他进来参观鸡舍。这时，推销员才逐步深入到主题。他告诉老太太，鸡舍里如果加强电灯的照明会促使鸡蛋高产。此时老太太的反感已荡然无存，两周后，推销员就收到了老太太的用电申请表。

从这个事例中我们不难看出，说服是要坚持原则的，但是如果以为只有一直进攻决不后退才是坚持原则，那就是片面的。局部的后退是为了全局的进攻，适当的退让会让对方感到你是通情达理的，这为你进一步说服创造了条件。有一个中国古代的事例，触龙劝谏赵太后也同样说明了这样的道理。

当时，赵国的赵太后新掌权，秦国猛烈进攻赵国。赵国向齐国求救。齐国要赵太后的儿子长安君作为人质，才肯出兵。赵太后不同意，大臣极力劝谏。太后说："有再说让长安君做人质的，我老婆子一定朝他的脸上吐唾沫。"

左师触龙说希望谒见太后。太后怒容满面地等待他，触龙进来后慢步走向太后，到了跟前请罪说："老臣脚有病，已经丧失了快跑的能力，好久没能来谒见了，私下里原谅自己，可是怕太后玉体偶有欠安，所以很想来看看太后。"太后说："我行动全靠辇车。"触龙说："每天的饮食该不会减少吧？"太后说："就靠喝点儿粥罢了。"触龙说："老臣现在胃口很不好，就自己坚持着步行，每天走三四里，稍为增进一点儿食欲，对身体也能有所调剂。"太后说："我老婆子可做不到。"太后的脸色稍微和缓了些。

触龙又说："老臣的劣子舒祺，年纪最小，不成才。臣子老了，偏偏爱怜他，希望能派他到侍卫队里凑个数，来保卫王宫。所以冒着死罪来禀告您。"太后说:"可以。年纪多大了?"触龙回答说:"十五岁了。虽然还小,希望在老臣没死的时候先把他拜托给太后。"太后说:"做父亲的也爱怜他的小儿子吗?"触龙回答说:"比做母亲的更爱。"太后笑道:"妇道人家特别喜爱小儿子。"触龙回答说:"老臣个人的看法,老太后爱女儿燕后,要胜过长安君。"太后说:"您错了,比不上对长安君爱得深。"触龙说:"父母爱子女,就要为他们考虑得长远一点儿。老太后送燕后出嫁的时候,抱着她的脚为她哭泣,是想到她要远去,也是够伤心的了。送走以后,并不是不想念她,但每逢祭祀一定为她祈祷,祈祷说,一定别让她回来啊!这难道不是从长远考虑,希望她有了子孙可以代代相继在燕国为王吗?"太后说:"是这样。"触龙说:"从现在往上数三代,到赵氏建立赵国的时候,赵国君主的子孙凡被封侯的,他们的后代还有能继承爵位的吗?"太后说:"没有。"触龙说:"不只是赵国,其他诸侯国的子孙有吗?"太后说:"我没听说过。"触龙说:"他们的祸患近的就降临在自己身上,远的就降临在他们的子孙身上。难道是君王的子孙就一定不好吗?只是他们地位高人一等却没什么功绩,俸禄特别优厚却未尝有所操劳,而金玉珠宝却拥有很多。现在老太后给长安君以高位,把富裕肥沃的地方封给他,又赐予他大量珍宝,却不曾想让他为国家做贡献。有朝一日太后百年了,长安君在赵国凭什么使自己安身立命呢?老臣认为老太后为长安君考虑得太短浅了,所以我以为你爱他不如爱燕后。"太后说:"行啊。任凭你派遣他到什么地方去。"于是长安君去齐国做了人质,齐国也就出兵了。

说服一个人是一项难度很大、技巧性很强的工作,不但要有耐心、真心，更重要的是要掌握一定的技巧，这样才能够在说服别人时如庖丁解牛，轻松地将别人说服。

另外，要说服某人或某团体完成一项艰巨的任务时，情感激励法往往比其他方法要有效得多。比如，学校决定把疏通校园角落臭水的任务交给三班，这任务比一般打扫卫生艰巨得多，三班学生对此不满。怎样才能说服他们呢？教师可以这样说："你们知道校长为什么要把这个艰巨的任务交给我们吗？因为我们班是全校闻名的'文明班级'，历次卫生检查都得满分。我相信，这次一定也不会辜负校长的期望，能出色地完成这个艰巨的任务！"很显然，这样激起了同学的自尊，也燃起了他们的热情，从而达到了说服的目的。

将心比心，站在对方立场思考

站在他人的立场上分析问题，能给他人一种为他着想的感觉，这种投其所好的技巧常常具有极强的说服力。要做到这一点，"知彼知己"十分重要，只有先知彼，才能站在对方立场上考虑问题。

你如果要说服一个人做某件事，在开口之前，最好先问问自己：我怎么样才能使他愿意去做这件事呢？心理博弈的高手往往站在对方的立场上考虑问题。

如果你想说服一个角色，你必须要理解他。同情和尊敬不是妨碍你判断的负面情绪。相反，它会让你做出正确的判断，并且让你以一种使对方感到感激和被理解的方式营销自己的理念。

齐国孟尝君田文，又称薛公，让齐为韩、魏攻打楚，又为韩、魏攻打秦，而向西周借兵求粮。韩庆（韩人但在西周做官）为了西周的利益对薛公说："您让齐国为韩、魏攻楚，5年才攻取宛和叶以北地区，增强了韩、魏的势力。如今又联合攻秦，又增加了韩、魏的强势。韩、魏两国南边没有对楚国侵略的担忧，西边没有对秦国的恐惧，这样幅员辽阔的两国愈加显得重要和尊贵，而齐国却因此显得轻贱了。犹如树木的树根和枝梢更迭盛衰，事物的强弱也会变化，臣私下替齐国感到不安。您莫如使敝国西周暗中与秦和好，而您不要真的攻秦，也不必要向敝国借兵求粮。您兵临函谷关而不要进攻，让敝国把您的意图对秦王说：'薛公肯定不会破秦来扩大韩、魏，他之所以进兵，是企图让楚国割让城池给齐。'这样，秦王将会放回楚怀王与齐保持和好关系（当时楚怀王被秦昭公以会盟名义骗入秦地，并被扣押），秦国得以不被攻击，而拿楚的城池使自己免除灾难，肯定会愿意去做。楚王得以归国，必定感激齐国，齐得到楚国的城池而愈发强大，而薛公地盘也就世世代代没有忧患了。秦国解除三国兵患，处于三晋（韩、赵、魏）的西邻，三晋也不会来攻打齐国。"

　　说服别人的关键是要打动对方的心，这就需要我们在说服他人时以对方利益为出发点，让对方明白各种利害关系，只有这样做才会达到说服别人的目的。上述例子中的韩庆正是以齐国利益为出发点，让齐国打消向西周借兵求粮的念头。

　　利益的面前，一向办事爽快的外国人也学会了中国式的心理博弈策略，例如，处理人际关系的大师卡耐基先生，在解决问题时所采取的心理博弈策略就与上述故事中的韩庆所使用的策略如出一辙。

　　卡耐基每季度都要在纽约的一家大旅馆租用大礼堂20个晚上，用以讲授社交训练课程。当他一切准备就绪时，忽然接到通知，旅馆经理要他付比原来多三倍的租金。但在此时，入场券已经印好，而且已经寄出去了，另外，开课的其他事宜也都已办妥。很显然，他得去和经理交涉。怎样才能让经理退让呢？

　　两天以后，他去找经理说："我接到你的通知时，有点震惊，不过，这不怪你。假如我处在你的立场，或许也会写出同样的通知书。你是这家旅馆的经理，你的责任是让旅馆尽可能得到更多的利润。你不这么做的话，你的经理职位可能就不保了。假如你坚持要增加租金，那么让我们来估计一下，这样对你到底是有利还是不利？先讲有利的一面。大礼堂不租用作讲课场所而是租给举办舞会、晚会活动的单位，那你一定可以获得较高利润。因为举办这一类活动的时间并不长，他们却愿意一次付出高额的租金，比我能支付的金额当然要多得多。租给我，显然你吃大亏了。现在，来说不利的那一面。首先，你增加我的租金，却是降低了收入，因为实际上等于你把我赶走了，由于我付不起你所要的租金，我势必得再找别的地方举办训练班。还有一件对你不利的事实。这个训练班将吸引成千位有文化素养的中上层管理人员到你的旅馆来听课，对你来说，这难道不是个不用花钱的活广告吗？事实上，你花5000美元在报纸上登广告，你也不一定能邀请到这么多人亲自到你的旅馆来参观，可我的训练班学员却全让你邀请来了。这难道不合算吗？"

　　讲完后，卡耐基告辞了："请你仔细考虑后再答复我。"当然，最后经理让步了。

在卡耐基获得成功的过程中，没有谈到一句关于自己要什么的话，他是站在对方的角度想问题的。

可以设想，如果他怒气冲冲地跑进经理办公室，扯着嗓门叫："这是什么意思！你知道我把入场券都印好了，而且都已寄出了，开课的相关事项也都准备就绪了，你却要增加百分之三百的租金，你不是存心整人吗？百分之三百！好大的口气！你有病吗？我才不付哩！"想想，那该又是怎样的局面呢？大吵之下训练班必然无法举办。即使卡耐基能够辩得过对方，旅馆经理的自尊心也很难使他认错而改变主意。设身处地替别人想想，了解别人的观点，比一味地和对方争辩要高明得多，不管在谈生意还是在谈判的时候都是如此。

真诚赞美，就会获得对方认同

赞美能给人前进的动力，是承认别人价值的表现。在心理博弈过程中，能恰当给别人赞美的人一定会给别人留下深刻的印象，他们也更容易赢得别人的好感，更容易达到他们的目的。

心理学家发现，当听到别人对自己赞美时，人们都会对赞美者产生很大的好感，即使那些溢美之词不是真的。有关专家通过实验发现，对他人品格、态度或者表现的积极评价可以使得被赞美者对赞美者产生好感，并心甘情愿地按照赞美者的意愿行事。

因此我们不难得出结论，赞美是一种有效而且不可思议的力量。每个想说服他人的人第一个想到的办法就是去赞美别人，这绝不是阿谀奉承，事实上能恰当地运用赞美的人，是非常受别人欢迎的，他们常常能从赞美中获得意想不到的收获。

有一天，一位叫杰克的律师和太太去拜访几个亲友。下午的时候，他太太让他陪一位老姨聊天，自己到别处去见几个年轻亲戚。

由于杰克对这位几乎从未见过面的亲戚不了解，所以就想找一些能够拉近他们之间距离的话题。他看到了老姨的这所房子，决定赞美一下，以便为下面的聊天找个话题。

"这栋房子有100年的历史了吧？"他问道。

"是的。"老姨回答，"正好100年了。"

杰克说："这使我想起我们以前的老房子，我是在那里出生的。您的房子很漂亮，盖得很好，有很多房间。现在已经很少有这种房子了。"

"我非常同意你的观点。"老姨表示同意。

"现在的人已经不在乎房子漂亮不漂亮了。他们只要有个地方住就够了，然后开着车子到处跑。"杰克说道。

"这座房子有我的梦。"老姨的声音有点颤抖了，"这是一栋用梦造成的房子。我的丈夫和我梦想了好几年，它完全是我们自己设计的。"

她带着杰克到处参观，杰克也热诚地发出赞美。看完了房子以后，老姨带着杰克到车库去，那里停着一辆别克车——几乎没有使用过。

"这是我丈夫在去世前没多久给我买的。"她轻声说，"自从他死后，我就没有动过它，你是一个懂得欣赏好东西的人，我就把它送给你吧！它也需要一个好主人。"

"不，老姨。"杰克连忙说，"我知道您很慷慨，但是，我不能接受。我已经有了一部车子，而且我们的关系不算很亲密，实在是不能要。我相信您有许多亲戚很喜欢这部车。"

"天哪！"她叫起来，"你是说我的那些亲戚吗？他们只是在等我死掉，好得到这部车子！"

"如果您不想送给他们，也可以卖掉啊！"杰克建议道。

"什么！"她大叫，"你以为我能让随便一个人开着这辆意义非凡的车到处跑吗？这是我丈夫给我的车子！我要把它送给你，你会是一个好主人的。"

杰克极力推辞，却又怕伤了这位老姨的心。最后杰克因为赞美拥有了这辆很多人都梦寐以求的车。

事实上，希望被人赞美是人的天性，人的耳根都是软的。在现实生活中，没有人不希望别人欣赏、赞美自己，希望自身的价值得到社会的肯定。但事实上，真正懂得赞美的人并不多。要做到从容自如、得心应手地赞美别人，是需要一定技巧的。

无论是与朋友还是顾客交谈，都可以多谈谈对方关心和得意的事，这样很容易就可以赢得对方的好感和认同，这其实是一种更为含蓄和高明的赞美。

艾尼丝·肯特太太聘用了一位女佣，要求她下星期一正式上班。利用这段时间，她打电话给那位女佣的前任雇主，询问了一些她的个人情况，结果得到的评语却是贬多于褒。

女佣到任的那一天，肯特太太立即告诉她说："莉莉，几天前我打电话请教了你的前任雇主，她说你为人老实可靠，而且煮得一手好菜，带孩子也很细心，唯一的缺点就是理家比较外行，老是把屋子弄得脏兮兮的。我想她的话并非完全可信，从你的穿着可以看出来，你是个很讲究整洁的人，我相信你一定会把家里整理得井井有条。我们应该是可以相处得宾主皆欢才对。"

事实上她们果然相处得很愉快，莉莉真的把家里打扫得干干净净、一尘不染，而且工作非常勤奋，宁可自愿加班，也不会把工作搁着不做。肯特太太看在眼里，乐在心里。

每个人都非常重视自己，也希望别人重视自己、关心自己。如果你让对方谈出了自己的得意之处，或由你去说出了对方的得意之处，就等于在赞美对方，对方肯定就会对你大有好感。

赞美的重要性不言而喻，它在别人心里所起的奇妙的"化学反应"，让你和别人之间的距离缩短。在我们掌握了赞美方法的前提下，多多赞美别人，让别人感觉到你的真诚，相信你在以后的人际交往中一定会游刃有余。记住，赞美永远不会有错。

我们要将赞美与阿谀奉承进行区别。阿谀奉承不叫赞美，因为那不是发自内心的话。

另外，当赞美的对象是针对某一件事情时，赞美会更有力量。称赞得越广泛越庞杂，它的力量就越弱。因此，赞扬别人时，要针对具体的某一件事情。例如，你可以说"你今天的领带跟你的黑色西服很相配"，这要比"你今天穿得很好看"更能让别人信服。

要赞美一个人时，当面说和背后说所起到的效果是很不一样的。有时如果我们当面说别人的好话，对方可能会以为我们是在奉承他。当我们的好话是在背后说时，对方会认为我们是真诚的，这样，对方才会领情，并感激我们。

一个很典型的例子：如果你当着上司和同事的面说上司的好话，那么，你很可能被同事误解为在讨好上司，从而招致同事的轻蔑。事实上，这种正面的歌功颂德所产生的效果也是很小的。与其如此，还倒不如在上司不在场时，大力地捧他一番。要知道我们说的这些好话，是终有一天会传到上司耳中的。

在背后赞扬别人，能极大地表现说话者的胸怀和诚实，有事半功倍之效。当别人了解到你对任何人都一样真诚时，对你的信赖就会日益增加。因为我们在背后说别人好话时，会被人认为是发自内心、不带私人动机的。

设想一下，若有人告诉你，有人在背后说了许多关于你的好话，你能不高兴吗？当你直接赞美对方时，对方极可能以为那是应酬话、恭维话，目的只在于安慰自己。要是通过第三者来传达，效果便会截然不同。此时，当事者必定认为那是认真的赞美，没有半点虚假，从而真诚接受，还对你感激不尽。

增添亮色，适当抬高自己身份

物以类聚，人以群分。这个纷繁复杂的社会，是由人构成的，人的个体禀赋不同，所结成的社会关系也不同。两个彼此陌生的人想要互相说服对方，无疑身份地位处于优势的人会占到很大的便宜。

如果你想说服一个素不相识的人，在简单介绍自己的时候，一定不能过于谦虚，而把自己刻意说得很低。你可以适当地夸大一下自己的能力和成就，夸大自己的良好素质，这样会使对方觉得认识你是一件很荣幸的事，愿意与你交谈，听取你的意见以及想法。反之，如果你把自己说得一无是处，对方听了会感到很失望，他会认为你不够资格和他讨论某一问题，自然对于你的说辞就无动于衷了。看了下面的故事你就不难明白适当地抬高自己的身份对于说服他人有多么重要。

有一天，彼得多年的老朋友乔治来找他，希望他能帮自己的儿子找一个像样的工作。彼得不仅一口答应下来，还说要让他的儿子当上世界银行的副行长，彼得的朋友乔治根本不相信，认为这是不可能的。但是，仅仅几天之后，彼得就真的凭借一张巧嘴办到了。

彼得究竟是怎样办到的呢？彼得告别乔治后去了当地的首富科普拉德的家，他对科普拉德说道："先生，我想介绍一位出色的小伙子给你女儿认识，你看怎么样呢？"科普拉德没有理他。彼得接着说道："如果这位小伙子是世界银行的副行长，你是否可以接受呢？"一听这话，科普拉德一改对彼得不理睬的态度，爽快地回答道："那当然可以！"

科普拉德同意后，彼得又去了世界银行行长沃尔芬森的家，对他说："先生，我想给你推荐一个优秀的小伙子当银行副行长。沃尔芬森没有理他。彼得说："他是首富科普拉德的女婿。"于是行长同意了。最终乔治的儿子当上了世界银行的副行长。而这一切，也正是因为彼得巧妙地提高了那位小伙子的身份。如果彼得一开始实话实说地把自己要说服对方的事情全盘托出，相信他不会轻易做到这一切。

晴雨难测，世事难料。龙有浅滩日，虎有平阳时。能力再强、地位再高的人也有不如意的时候。所以交谈时很容易说到不顺心的事。但对初次认识的人来说，往往爱对自己的交际对象抱一种幻想，潜意识中希望对方是个能干的人，希望成为私交甚好的朋友。

当然，夸张要有一定限度，不能夸张得不切实际。每个人都有自己的价值衡量标准，因此，这就要求你在说话时要把握好分寸。

汤晓华老师以自身经历向人们讲述了如何抬高自己的身份。

2006 年，汤晓华老师在日本东京进行演讲。那是他第一次在国外讲课。

去日本之前，为了充分准备课程，汤晓华并没有时间去翻阅日本和美国的采购管理方法，而是阅读了很多中国的古书，最后定的演讲题目是《取财有道——采购人员的职业道德教育》。这个题目在中国和世界范围内没有哪个采购专家去研究它，演讲很成功，因此，汤晓华老师的表现得到参会者的高度认可。有一家日本公司的社长问他：“在中国，像你这样的专家多吗？”汤晓华说：“很多，而且比我更优秀。”并且列举了中国很多同行采购专家的名字。

汤老师为什么这样做？因为他很狡猾，如果他说：“不，我是中国的 NO.1”。日本人一听，心里肯定不会认同，而且，汤晓华老师可能就会没有地位和身份了。而他狡猾地说“很多比我更优秀”，日本人一看：嗯，你还不是很差，中国人真厉害。就这样，汤晓华老师的身份和地位都提高了。

通过这个故事，你可以很直接地得出结论，你会发现可以通过抬高别人来抬高自己，就像汤晓华在日本人面前通过抬高其他中国人，来达到抬高自己的目的那样。

以水投水，用相似经历打动人

人的心理行为是很复杂的，但是在一些事情上又是互通的。有共同点的。比如健康、时间、金钱、安全感、赞赏、舒适、青春与美丽、成就感、自信心、成长与进步、长寿等。如果你能在这些人们关注的点上找到一些相同或是相似的经历，相信对于你在说服对方时是十分重要的。

如果谈话双方曾有过一段共同或是相似的经历，就会轻易地缩短彼此的心理距离。这也是交际高手们所经常采用的一种并不困难但是效果颇为明显的技巧之一。事实上，不只是交际高手会采用这样的方式，有的时候就连醉鬼都会有意无意地使用这样的技巧。

有两个素不相识的酒鬼，因为喝醉了酒，在同一辆电车上睡着了，他们都坐过了站，一直坐到郊外的终点站，而此时已经没有返程的电车。两个陌生人谨慎地交谈几句之后，似乎就一拍即合，大有相见恨晚的感觉。于是这两个酒鬼在一起十分愉快地畅谈起来，逐渐产生了友情，他们一起寻找出租车，共同分担车费，一路上的谈话都兴致盎然，并且在以后也经常联系，偶尔还一起喝点小酒。他们都感谢那次坐过站，让自己找到了知己。

当一个聪明人想把自己的想法和意见说给他人听时，他总会想方设法地运用对方所熟悉的语言，使其能迅速理解自己想说的话。

科明18岁时第一次到纽约来，他只想到一家报社去做编辑。当时，纽约有成千上万的失业人员，几乎所有的报社都被求职的人挤满了。

科明在一家印刷厂做过几年排字工人。这是他唯一的工作经验。

但是，他知道，和他一样，《纽约论坛》的老板荷拉斯·格利莱幼年也在印刷厂里做过学徒，所以，科明决定先去《纽约论坛》试试。

科明想，格利莱一定会对与他有相似经历的孩子感兴趣的。

科明是对的，他果然被录取了。

科明十分容易地让格利莱相信他是值得雇用的。他完全是因为能巧妙地靠近格利莱自己的经历来达到目的的。

这个道理其实并不难理解。比如，当我们看见一种新式飞船时，我们想让他人相信这飞船令人惊异的长度，就要根据不同对象的具体情况，用其能够理解的方式进行。如果你要对乡下人说飞船的长度，你就说飞船有他农场的10倍那么长；如果你想说给一个纽约人听，你就得说飞船的长度和42号街上新建的克莱斯勒大厦的高度一样。因此，我们想让他人完全理解自己的语言时，一定要用他人熟悉的方式表达才行。

方法得当，歹徒也能被你说服

生活是美好的，但美好背后经常隐藏着丑恶。在面对某些紧急情况时，我们就要运用心理博弈的技巧，采用最恰当的方法去解决问题。例如，当你遇上歹徒，你如何在自保的同时，巧妙地说服对方，使他不再胡作非为呢？

一般来说，在你和要说服的对象较量时，彼此都会产生一种防范心理，尤其是在危急关头。这时候，要想使说服成功，你就要注意消除对方的防范心理。防范心理的产生是一种自卫方式，也就是当人们把对方当作假想敌时产生的一种自卫心理，那么消除防范心理的最有效方法就是反复给予暗示，表示自己是朋友而不是敌人。这种暗示可以采用种种方法来进行：嘘寒问暖、给予关心、表示愿意帮助等。

一个"的姐"把一个青年男子送到目的地时，青年男子掏出尖刀威逼她把钱都交出来。"的姐"假装非常害怕，并将300元钱交给青年男子，然后对男子说："今天我就挣这么点儿，如果你嫌少我可以把一点零钱给你。"说完又掏出20元零钱。

青年歹徒见"的姐"非常爽快，有些不知所措。"的姐"见状接着说："你住在哪儿？我送你回家吧。这么晚了，家人一定会着急的。"见"的姐"是个女子又丝毫没有反抗的意思，青年歹徒收起了尖刀，并让"的姐"把他送到火车站。

一路上气氛缓和下来，"的姐"不失时机地劝服歹徒："我家里原来也非常贫困，我一个女子既没体力又没技术，所以就跟人家学开车，干起出租车这一行。虽然挣钱不多，可日子过得安稳。何况自食其力，就算穷点儿谁还能笑话我呢！"

青年歹徒一直沉默不语，"的姐"继续说："唉，男子汉四肢健全，干什么都差不了，真走上这条路一辈子就完了。"终于到了火车站，见歹徒下车要走，"的姐"又说："给你的那些钱就算是我帮你的，拿它干点正事，以后别再干这种事了。"一直不说话的歹徒听到这里，突然放声大哭起来，然后把300多元钱往"的姐"手里一塞说："大姐，我以后饿死也不干这事了。"说完，低垂着头走了。

当你在佩服"的姐"的高超心理博弈技巧时，你是否想过如果故事中的被害者是你，你会如何应对？当"的姐"面对陌生歹徒威胁的时候，她并没有表现出慌张，而是用顺从的态度迎合歹徒的需要，在这一个过程中，"的姐"还主动提出送歹徒回家，这些举动充分显示出"的姐"的智慧与胆识，通过实实在在又充满道理的语言说服，最终迫使歹徒低头认错。"的姐"在毫发未损的同时，还拯救了一个走上犯罪道路的年轻人。这就是心理博弈效果的体现，很多时候它比强硬的反抗更有实际效果。当你面对用身体无法战胜的对手时，你就需要用这种心理博弈技巧做到以弱克强。

当你面对危险并想说服对方的时候，你首先应设法缓和紧张的谈话气氛。如果你用和颜悦色的交流代替命令和威胁，并给对方维护自尊和荣誉的机会，气氛就会转向和谐，说服的成功率就更大；

反之，说服时不尊重对方，摆出反抗到底的架势，势必使气氛更加紧张，你也会因此多一份危险。看了下面这个故事，你就知道在面对危险的时候，你该如何说服对方了。

一个15岁的小姑娘，不幸被拐到一个大城市。一天晚上，一个中年人打开了小姑娘的房门。小姑娘虽然很害怕，但很快她就镇静下来，机智地叫了声："叔叔！"中年人一愣，一时呆住了。

姑娘平静地说："我一看叔叔就是好人，您的年龄应该与我爸爸差不多，可我爸爸比您苦多了，他在乡下种田，去年收割稻子时，他热得中暑……"说着说着，眼泪就哗哗地流下来。中年人感到非常羞愧，沉默片刻后，低声地说了一句："谢谢你，小姑娘。"然后送走了小姑娘。

聪明的小姑娘一句"叔叔"，拉开了两人年龄差距，让中年人不由地萌生了同情心。接着小姑娘又给他戴上一顶"好人"的帽子，让他用好人的标准对照自己。用自己的父亲与"中年人"进行对比，进一步强化了"中年人"的同情心理，使自己最终脱离了险境。

循序渐进，说服他人需要过程

说服别人是每个人都想要尝试去做的事情。可有时对方虽然知道你的话是有道理的，但还是会对你产生抵触情绪。实际上，说服他人并不能一蹴而就，而是一个循序渐进的过程。

生活中，人们对别人的劝说都有一种抵触心理。所以你想要说服他人，需要逐步打消对方的抵触心理。但是打消对方的抵触心理并不是一蹴而就的事情，它是一个循序渐进的过程。

　　詹姆斯·艾伯森是格林威治储蓄银行的一名出纳员，他用他的耐心挽回了一位差点失去的顾客。

　　有一天，有一位年轻的小伙子来到银行想要开个账户。艾伯森先生递给他一张开户用的表格，让他填写。

　　不一会儿，小伙子就把表格填完了。艾伯森拿过来一看，发现有些方面的资料他没有填写，又递给他说："这些内容都得填好。"

　　但是小伙子断然拒绝填写，并声称那些方面的资料已经涉及他的个人隐私，他有权保留自己的隐私。

　　艾伯森先生对于小伙子的态度感到很生气，就直接告诉小伙子如果他不提供一份完整的个人资料的话，按照银行的规定，是不能开户的。

　　小伙子也生气了，把表格甩给艾伯森先生就要走。

　　艾伯森急中生智，连忙叫住正要走出银行大门的小伙子，声称自己同意他的观点，说那些内容确实是属于他的隐私，也并不是非写不可。

　　"但是，假定您碰到意外，是不是愿意银行把钱转给您所指定的亲人？"艾伯森不紧不慢地对小伙子说。

　　"是的。"小伙子毫不犹豫地回答道。

　　"那么，您是不是只有把亲人的名字告诉我们，我们才可能去办理？"

　　"是的。"小伙子又点了点头回答道。

　　这时，小伙子的态度已经缓和下来，他已经意识到这些资料并非仅为银行而留，而是为了他个人的利益。

"您是不是认为母亲生我们、养我们、教育我们，最伟大，也最辛苦？"

"是的。"小伙子肯定地回答。

"那您是不是愿意指定您的母亲为法定受益人？"

"是的，我当然愿意。"小伙子愉快地回答说。

就这样，在艾伯森的引导下，小伙子填好了所有的资料，而且在艾伯森的建议下，指定他的母亲为法定受益人。当然根据银行的规定，小伙子也提供了他母亲的有关资料。

劝说他人需要循序渐进，摸透别人的心思则为说服他们打下良好的基础。

曾经有一位很优秀的管理者说："假如客户很会说话，那么我已有希望成功地说服对方，因为对方已讲了七成话，而我们只要说三成话就够了！"事实上，很多人为了要说服对方，就精神十足地去说，说完了七成，只留下三成让客户"反驳"，这样如何能顺利地说服对方呢？所以，应尽量将你原来扮演的说话的角色改变成听话的角色，去了解对方的想法、意见以及想法的来源，这才是最重要的。

当你感觉到对方仍是固执己见，就应该先接受他的想法，甚至先站在对方的立场发言。如："我也觉得过去的做法还是有可取之处，确实令人难以舍弃。"为什么要这样做呢？因为当一个人的想法遭到别人的否决时，极可能为了维护自己的尊严，反而更加坚持己见，排斥反对者的新建议。而熟悉他们的心理症结，并加以抚慰，他们还有不答应的理由吗？

第四章

应对上司的心理博弈

美国人力资源管理学家科尔曼曾说过："职员能否得到提升，很大程度不在于是否努力，而在于老板对你的赏识程度。"除了最高层领导外，每个员工都有上司。如果你的工作完成得很好，你的业绩也不错，但你的上司却有可能不喜欢你。因为你只知道埋头做自己的工作，却不注意上司怎么看你。所以，不管你是什么样的职员，都要知道怎样让你的上司喜欢你，器重你，提拔你，这样你在职场中才能变得游刃有余。

换位思考，站在上司的立场看问题

想处理好与上司的关系，就需要把自己当成上司，站在他的立场上去思考问题。在工作中，当你想"如果我是上司会怎样看这个问题"的时候，你会对自己的工作态度、工作方式以及工作成果提出更高的要求。只要你深入思考，积极行动，那么你很快就能得到上司的认可和重用。

人与人之间只有通过了解才能理解，只有通过欣赏才能体谅。工作中，当你觉得委屈和失望时，如果用换位思考的方法想问题，我们就会感觉到自己是上司的战友、朋友，是企业的一分子，而不是上司手中一颗可有可无的棋子，而且这也将为你在职场上赢得更为有利的发展空间。

在一次销售会议上，IBM 创始人老托马斯·沃森先介绍了公司的当前销售情况，分析了公司目前的种种困难，然后让大家思考发展对策。会议气氛沉闷，只有托马斯·沃森自己在说，其他人则显得心不在焉。

面对这种情况，老沃森沉默了 10 秒钟，突然在黑板上写了一个大大的"Think"（思考），然后对大家说："我希望大家把自己当作公司的主人，想象自己如果是老板该怎么思考问题。别忘了，大家都是靠工作赚得薪水的，我们必须把公司的问题当成自己的问题来思考。"然后，他要求在场的员工开动脑筋，每人提出一个建议。

结果，这次会议取得了很大的成功。大家提了很多问题，并找到了解决问题的办法。从此，"像老板一样去思考"便成了 IBM 公司员工的座右铭。

像上司一样去思考问题，就是站在上司的立场看问题。这样你才能以一个主人翁的姿态想上司之所想，急公司之所急。而这种员工正是上司最喜欢的，假如你真的能做到站在上司的立场思考问题，上司一定会对你青睐有加。

但是很多时候，管理者与员工的想法很难达成一致，这主要是因为员工总认为公司的发展是由管理者决定的，于是他们总是对自己说："我只不过是为公司打工，没有必要想太多，完成本职工作就行了。"有了这种想法，就很难站在管理者的立场上看问题。

小涛是位很有才华的年轻人，但是他总是对工作漫不经心。他说："这又不是我的公司，我没有必要总是站在领导角度考虑公司的全局和长远发展。如果我是老板，我一定会努力做得更好。"

一年以后，他离开了公司，选择独立创业，开办了一家小公司，然而只过了半年，他的公司就开不下去了，因为他的员工的想法和他打工时的想法是一样的，从来不会站在他的角度去考虑问题、去工作，这样公司就难以维持。

显而易见，当你总是认为自己不是上司，你就不能真正做到站在上司的立场看问题。因此，你必须要学会体谅、理解上司的难处，学着像上司一样思考。有时候，员工认为上司处理问题并不高明，甚至难以服众。其实，你考虑到的上司早已想过，他们所做的决策都是经过深思熟虑的。特别是在发生意见分歧时，最好的处理办法就是站在上司的立场看问题，学着像上司那样思考。当你试着理解上司的难处，并体谅他时，你就能自然而然地了解上司的良苦用心。

如果你有不满又不与上司商量，而擅作主张修改方案，上司会认为你"说一套，做一套"，很不值得信任。

不触碰领导隐私，在禁忌面前止步

每个人都有隐私，领导也一样。领导的隐私是职场中的敏感话题，处理不当会让你陷入困境。如果你知道了领导的隐私，又会怎样做呢？

由于职责与工作需要，员工与领导相处时间长了通常有较多的相互了解。有时，领导出于对员工的信任，偶尔会向身边员工谈论一些个人问题，说说心里话，甚至把个人隐私也和盘托出，希望员工给自己出主意、想办法，帮助自己解决问题。这样，员工在掌握领导隐私的同时，也就有为之保密的义务。然而，有些员工却不明白这个道理，即便是偶然间听到了领导的隐私，也会因为自己的处理不当使得自己的职场之路走得一波三折。小月就是这样的一位员工。

一天小月去老板办公室汇报工作，刚到老板的办公室门口，就听到老板在大声地打电话。老板平时打电话声音很小，但那次情绪激动，忘了控制音量。就在小月伸手敲门的时候，听见老板说："最近我手头很紧，没有周转资金，你必须准备两万元钱给我，否则我没钱给员工发工资……"

听到这里，小月转身回到办公室，因为在她看来老板是一个很有人情味的人，平时对员工很照顾。于是她把老板的隐私告诉了大家，大家都同意要求老板暂缓发工资，替老板分忧。

10分钟过后，小月敲开了老板的办公室。看到老板一脸疲惫，目光没有神采，估计是没搞到钱。她开门见山地对老板说："老板您别急，我们理解您暂时的困难，大家都希望您暂时不要发工资，等您渡过难关再说。"老板紧锁的眉头一下舒展开了，他激动地说："感谢大家的理解，替我转告大家，我一定不会拖得太久的。"

当小月准备汇报工作的时候，老板问："小月，我有困难你怎么知道的？"小月没有直接说出是偷听得知的，而是说："这个您就别问了，反正我知道。"

不久以后，小月被老板解雇了。

表面上看，小月确实是为领导着想，但是她说出老板的隐私却直接伤害了老板，甚至让老板感到害怕。当一个员工让领导失去安全感的时候，就意味着该员工距离失去工作不远了。无独有偶，晓雪也有小月的遭遇，究其原因也是因为没有处理好领导的隐私。

晓雪是一家民营企业的行政经理，一天，老板的电脑出现故障，老板又有急事要处理。她好心地在自己电脑上打开了老板的

E-mail，不料却从中读到老板的婚变故事。她自作聪明，想让老板知道自己同情他，于是有意无意地向老板表示希望能为他做点什么。结果老板就让她走人了，而且没有任何解释。

记住，千万不要利用领导的隐私来跟领导套近乎，这样的做法很愚蠢。没有人希望别人知道自己的隐私，更不愿意自己的隐私被扩散，无论出于何种目的。对付领导的隐私最好的办法就是不闻不问，不说不传，不理不睬，否则吃亏的一定是你自己。

不闻不问，即不去打听领导的隐私。你要知道你应该做什么，不应该做什么。做好本职工作，才是你最重要的。如果想猎奇领导的隐私，到处打听领导的秘密。一旦被领导发现，你绝对会遭殃。

不说不传，即使无意间获知了领导的隐私，也不要对任何人说。如果你把领导的隐私告诉别人，特别是自己的同事，你说不准就会被别人利用。如果你大肆传播就更不应该，因为没有人希望别人传播自己的隐私。

不理不睬，即用平常心看待老板的隐私，不要对别人的隐私有太多的好奇心，如果你知道领导的隐私请忘记它，或者至少要闭口不谈这些隐私。而且当别人谈论领导隐私的时候，你最好要表现出不理不睬的神态，这样做对你没有坏处。

学会给不同的上司打工

想把上司搞定，了解上司非常重要。他属于哪一种类型的上司？有什么样的性格特征？他的行事风格是什么样的？知道了这些，你才能做到对症下药，应对自如。

如果你向一个只愿把握大局的上司汇报一堆细枝末节的工作，他会烦你的；如果上司喜欢上午处理问题，而你偏偏在下午找他，你会被认为是一个不识相的员工。

瑞西就是一个把上司的脾气摸得很清楚的员工，因此她在面对在别人眼中"可怕"的上司的时候，显得特别的游刃有余。下面一段资料摘自瑞西的日记，看看读者是否能够从中获得启发。

我们的老板是出了名的脾气暴躁，办公室的每一位员工几乎都挨过骂。直到后来，大家都安慰自己：被骂是幸运，被骂代表我和老板熟！事实上，我们的老板也并非大家想象中那样是一个"暴君"。

以我的经验，坏消息和好消息要一起汇报。如果只有坏消息，就要让老板先发火。老板每天要处理这么多的公司事务，压力和负担自然要比普通员工大许多，适当地发泄有利于更好地处理接下来的工作。

比如，有一次我向老板汇报外地分公司近几个月的业绩。还没等我说完一个地区的业绩数据，老板就已经面色铁青了。接着，老板向我询问了一位分公司经理的近况。"你了解那件事情的来龙去脉么？"老板冷不防地问道。"知道，我还做了一些调查……"在我回答完老板对于那位分公司经理的疑问后，老板已经拿起电话拨打给对方并狠狠地骂了一通。由于老板对于整件事情有了一个大致的了解，对于我的工作并没有批评。相反，老板给了我一些很实际的解决方法。在与老板协商了近1个小时后，老板终于听取了我们部门的意见，给了我们一定的时间来处理管理层面上的一些问题。

我觉得，与老板协商最重要的是有理有据，准备充分。这样，即使错在于我，我也有足够的勇气与准备去承担一切后果。

从上面这段文字我们可以看出，瑞西的老板可能是属于那种才华过人，但是性情刚毅，脾气不太好的类型。因此，针对这点，瑞西作为老板的下属，首先要学会的是体谅老板，因为瑞西知道有时老板发火或许只是一时冲动，并无恶意。当你做错事时，一定要学会低头认错。

瑞西之所以能够得到老板的赏识，其原因就是她了解自己的老板。因此，我们有必要对自己的上司进行深入的了解。领导一般可以分为以下几种类型。

1. 创意型

这种人喜欢创新，通常点子多，他也喜欢有创新思维的下属。因为想法不断推陈出新，所以这种人随时有新指示，不断有新任务，但很快又改变主意了。当这种人的下属简直苦不堪言，无论怎么做，都可能感到无所适从。员工总觉得没有成就感，感到很压抑。相对的，这种上司也因在下属中难找知音，而万分痛苦。

面对这类上司，你一定要装出很忙的样子，随时都在做他交办的事情，而且比他早到公司，晚离开公司。你需要保持耐心，随时待命，无怨无悔地接受他的新指令，但一定要懂得当啦啦队，赞扬或推崇他的创意，自己的想法被肯定，能引起员工的共鸣，是这类上司最快乐的事。

2. 行动型

这类人行动力超强，事必躬亲，对交给下属的工作很不放心。他们每天都忙忙碌碌，下班时还会带一大堆公文回家，是典型的工作狂。他们对公司长远发展缺少规划能力，却又闲不下来，只好找事做，因此他们眼中没有层级和制度，随时会自己跑到第一线指挥作战，搞得大家鸡飞狗跳。

当他们的下属，只能做好手上的事情，然后等候差遣。若他们交给你任务，你就好好完成；若他们不给你交代任务，你也要表现出忙碌的样子。

3. 猜忌型

这类人疑心很重，下属很难得到他的信任。他总是不断地推测下属的想法，并找出对方背叛自己的理由。

如果你是这类领导的下属，即使你对公司有贡献，也应该表现得像没事一样。如果你居功自傲，就很可能招来上司的不满。

4. 模糊型

这种上司在布置工作任务时含糊其辞，从来没有明确具体的要求。他的话既可以理解成这样，又可以理解成那样。有时前后相互矛盾，下属根本无法操作和实施。一旦你去做了，上司就可能责怪你，说他的要求不是这样。

在接受这种上司分配的任务时，一定要问清楚具体要求，特别在完成时间、人员落实、质量标准、资金数量等方面尽可能明确，并记录下来，然后让上司核准后再行动。

下属请示某项工作，并希望得到明确答复时，这类上司有时会"哼哈而过"，而没有明确表态，有时说"知道了"，有时说"你看着办"。为了避免日后不必要的麻烦，下属可设法诱导其明确表态。如："您的意思是？"让上司续接，或者用猜测性口气让上司回答，如："您的意思是不是让我帮您把文件拿过来？"

创造机会，尽可能展现自己

在职场上，如果希望拉近与领导的距离，就必须和领导全面地接触，这就要求你学会利用和创造与其不期而遇的机会，并在他面前尽可能有效地表现自己。

公司里人多嘴杂，又有层层领导，怎样才能让最高层领导看到自己的才华和表现呢？直接把自己的工作报告呈给他们显然不符合规矩，当着众人的面直接汇报又太张扬。如果能够巧妙地创造一些机会，相信对于急于展现自我的人来说是最为适合的办法。但是创造机会，也要把握时机，这样才能不露痕迹。

阿峰写了一份关于公司发展前景的报告，然后呈给部门经理，经理觉得很好，但是不能做主，阿峰趁机说："其实我们都有一些建议，不如把老板请到咱们部门座谈一下，这样可以让老板知道咱们部门都在为公司着想！"经理一听，觉得有道理，当即邀请老板，老板自然欣然前来。

开会时，出于对阿峰建议的肯定，部门经理也把阿峰安排坐在老板的旁边。在会上，阿峰慷慨陈词，好好表现了一番。会后，部门经理得到了老板的赞扬。

想让领导赞赏你,还要不露痕迹,确实有难度。像阿峰这样做不但领导喜欢,群众也拥护,还可以达到亲近领导的目的,简直一举三得。与领导多接触,是让领导了解你的意见和想法的好方法。那么应该抓住哪些机会与领导接触,并让领导在赏识器重你的同时,也让同事拍手称好呢? 其实这样的机会很多,就看你是否足够用心。比如,在餐桌之上就是一个很好的展现自己的机会,而下面故事中的阿威就是巧妙地利用这样的机会拉近了与领导之间的距离。

刚毕业的阿威和另外七八个年轻人一同被一家急需用人的公司聘用,为了表示对这批新成员的厚望和欢迎,老板决定请他们聚餐。

聚餐地点离公司不远,新员工三三两两结伴而行,却把老板抛在了一边。进入酒店后,同事们或正襟危坐、谨言慎行,或低头相互私语窃笑,不仅没人跟老板搭讪,还将老板旁边的两个位子空出来。老板极不自然的笑意被阿威察觉到,他赶紧说:"我建议大家往一起凑凑吧!"说完,便自然地坐到老板的旁边,并对老板投来的赞许目光报以会心一笑。

阿威的做法很聪明! 相信再尖酸的人也没理由指责他是在"拍马屁"。老板就是为了和新员工亲近一下,才宴请他们,但是腼腆木讷的员工却辜负了老板的美意,把他抛在一边。而阿威恰恰相反,他主动争取机会与老板亲近,还把聚餐的气氛带动起来,使老板对他另眼相看。

除了在餐桌之上,电梯里也是一个能够让你在领导面前展现自己的场合。如果你在电梯里与领导不期而遇,你大可不必慌张。用平常心对待，并表示你对他的尊敬就够了，千万不要沉默不语，那样领导也会觉得尴尬。最好的办法就是主动与对方搭讪，制造轻松的气氛。

大齐前几天在等电梯时突然撞见了老板，那时已过 10 点，他肯定是迟到了。老板率先发问："是不是见客户去了？"大齐赶忙就势回答"是"。"去见哪个客户啊？"没想到，老板谈性很浓，非要一问到底。大齐灵机一动，说出一个跟老板有点联系的客户名字。

随着电梯门的关闭，小小的空间显得很沉闷。大齐突然想到刚提过的那个客户不久前兼并了另一家网站，于是向老板提起，老板很吃惊："是吗？什么时候的事，我还真不知道。"为了拖延时间，大齐反问："您不知道吗？客户今天还跟我提到您呢。"这时，电梯到了。大齐按开电梯门，请老板先行，心里长舒了口气。

每个领导都希望留给下属一个和蔼可亲的印象，所以他希望下属与他亲近相随，大齐对这一点十分明白，并且还向领导提供了新信息。如果见到老板就逃避，或者不知所措，殊不知领导面对一个拘谨无措、憋得脸红脖子粗的人，也会觉得尴尬！

要忠诚，但不要盲从

忠诚是一种美德，每个上司都希望员工对自己忠诚。员工若想得到上司的赏识，进而赢得晋升的机会，最起码要做到忠诚。但忠诚必须适度，过度忠诚就是盲从。

忠诚不是愚忠，不是让你不分是非黑白地盲从，更不是让你去做违法乱纪之事以显忠诚。

2003年"非典"期间，为了打击报复自己的竞争对手，一个公司老板找来对自己忠心耿耿的下属，让下属给"非典"防治中心打电话，谎称竞争对手公司出现了多名"非典"疑似患者。下属按老板的意思执行了，结果搞得对手公司人心惶惶。之后警方查出了那个下属，在警方讯问人员的强大攻势下，那名下属说出了幕后的老板。老板却说没有此事，还说要是知道下属要干这种蠢事，一定会严厉制止。因为拿不出证据，下属只好背黑锅。

职场上，盲从会让上司抓住把柄，留下推卸责任的借口。当上司向你下达任务时，你应该分清正误，辨别是非。哪些该做、哪些不该做，你应该有鲜明的态度，这样才能避免犯错，避免影响前途。

实际上，上司心中想要的忠诚是没有最高限度的，但却是有最低标准的。在上司的心中，实际上只要执行任务不找借口，不侵害公司的利益，能够与公司同甘共苦就达到了上司的标准。

1. 执行任务不找借口

对该做的工作，要竭尽全力按时保质地完成，不要遇到有难度的任务就找借口进行推诿："这项工作我从来没有做过，所以完成得不太理想。""我正在忙，没办法做您那件事。"你应该一声不响地接受任务，全力以赴地去完成。即使有困难，也要想办法克服，在这个过程中，你的工作能力才会不断提高。

2. 不侵害公司的利益

对老板忠诚，你就必须在公司里具备"主人翁"精神，应该时时刻刻为公司的利益着想。从小事说就是不要浪费或偷拿公司财物，即便是一张纸、一支笔；从大事说就是应该对公司负责，不泄露公司内部的商业机密等等。

3. 与公司同甘共苦

无论是公司处在上升期还是处于困难期，员工都应做到与公司同甘苦，共患难。特别是在公司面对困难的时候，应该积极帮上司出谋划策，与公司共渡难关。这样你一定会得到上司的赏识，一旦出现加薪和晋升的机会，上司会首先想到你。

消除误解，不要以怨报怨

被人误解是常有的事，但如果被领导误解，我们该怎么办呢？是据理力争，辨明是非，还是忍气吞声，只字不提？

由于受认知条件、信息误导等因素的影响，下属有时会被领导误解。如果这种误解不能及时得到消除，不仅会给下属造成巨大的心理压力和精神负担，而且还会影响到下属的晋升，严重损害上下级关系。因此，面对领导的误解，控制好自己的情绪，坦然面对并及时消除误解，是下属获得成功的重要前提。

5年前小涵是一家工厂基层车间的一名钳工。后来厂里的宣传部主任方杰发现小涵的文笔不错，便瞒着上级领导，把小涵调入宣传部做干事。对方主任的知遇之恩，小涵铭记在心。两年后，小涵晋升为厂办汪主任的部下，才华横溢的小涵得到了汪主任的赏识。

不久后，小涵感觉到宣传部方主任与自己渐渐疏远，并听同事说，方主任对自己有成见。经过了解，才知道汪主任与方主任有私人恩怨。因而，方主任总认为小涵忘恩负义，倒向了汪主任那边。

方主任之所以误解了小涵，是因为在一个下雨天，小涵给汪主任打伞，而把方主任冷落在一旁。而事实上，小涵当时没给方主任打伞，是因为他没有发现不远处的方主任正淋着雨。但方主任却认为小涵不懂感恩，至此误解产生。

方主任一气之下，在许多场合都说自己看错了人，说小涵是个忘恩负义的人，谁是他的上司，他就巴结谁。

小涵认为方主任所言只是误解了自己，所以他装着什么都不知道，让时间做个客观的公证。小涵说："路遥知马力，日久见人心，方主任只是气头上说我的坏话，我不会在意的。我会用实际行动证明，我并不是方主任说的那样。"

应该说小涵的做法是明智的，如果他找正在气头上的方主任解释，无异于火上浇油。方主任只会认为小涵心虚，所以才向自己妥协，这样的话方主任可能变本加厉地贬损小涵。所以说，用忍耐和沉默还有大度的心态面对误解，让时间证明事实，也不失为一条化干戈为玉帛的上策。

但是，如果是一些原则性很强的事情被上司误解，比如说你明明工作很努力，上司却认为你工作不踏实，像这样有关自己前途的事情还是一定要去解释清楚的。

　　小艾与一个同事素来不睦。一次为了一件很普通的客户投诉的事情，那位同事就向老板打了他的小报告。本来这件事很小很普通，小艾根本就没有想过要和老板汇报和解释。但是随着老板对他的态度日益冷漠，小艾渐渐意识到了什么。当他再想向老板解释这件事的时候，老板给他的回答冷淡而且生硬。终于，小艾意识到了自己留在这家公司再也没有什么发展前途了，于是沮丧地离开了这儿。

　　从这个故事中我们能得出一个教训，事关自己前途的误会，再小的事情也有可能带来极为严重的后果，因此必须要向领导解释清楚。如果你被领导误解，有人对此发表言论，你应该尽量平静对待。这样可以防止事态扩大，有利于缓和矛盾。

　　另外，你应该在公开的场合展示出你对领导的尊重。在单位，与领导抬头不见低头见，即使被他误解，你也应该对他表示应有的尊重，特别是在公共场合，更应如此。例如，即使对方爱理不理，也要微笑地和对方打招呼。因工作需要和领导同在一桌招待客人，你还可以主动向领导敬酒，还可以在大家面前赞美领导几句。除了尊重之外，你还应该在背地里褒扬领导。当面赞美别人不如背地褒扬别人效果好，试着在背地里褒扬误解你的领导，通过同事的口传到对方的耳中，一定会让对方感动，这样更有利于误解的消除。

　　如果在工作中，当误解你的领导遇到紧急情况，你应挺身而出，及时"救驾"。这可以逐渐让对方加深对你的好感，让人觉得你是一个心胸宽广的人。也可以使对方逐渐感到愧疚，进而有利于消除误解。

　　当你所做的这些慢慢被领导接受，你就应该寻找合适的机会，解开误解谜团。你可以利用合适的机会与对方进行交流,这样做的目的是为了让对方了解真相。这些策略极好地体现你的真心、诚意、宽容,相信只要认真做好这些,你一定能化解误解,缓和矛盾,使你们的关系走向正常化。为此,你也可以不受误解的影响,全身心地投入工作。

学会表达,勇敢地说出你的不满

领导不是完人,他们也会犯错误,甚至使你感到不满,那么当你真的对老板怀有不满之情时,是说还是不说呢?

常常会遇到这样的情况:领导叫你干一件事,你马上应承下来,即使这件事不该你做,或超过了你的负荷。也许是慑于老板的压力,也许是出于其他的某种考虑,你往往不会去拒绝。其实,在生活中,我们应该学会对老板说"不"。

玲玲是一家公司的财务经理。在公司里,她总是对老板横挑鼻子竖挑眼,毫不谦虚地认为名牌大学出身的自己比老板能力强,而且公司的进账出账、财务报表等,一样都离不开自己。每当她向老板提出建议,老板都会找各种论据证明玲玲的建议不好,而固执地坚持自己的想法,但之后的事实往往证明领导的想法不对。有好的建议得不到领导的采纳,玲玲对此感到最为不满,就这样,玲玲经常生闷气,情绪不好,还经常感到压抑。

常言道，人无完人，所以作为下属，应该正确看待领导的优缺点，肯定其优点，对其不足之处加以指正。如果害怕指出，而一味忍受领导的错误做法，既不利于自身能力的提高，也大大影响了自己的心情。但作为下属，如果在说出对领导的不满时没有顾及领导的权威，容易让领导下不了台，这样不但不利于化解矛盾，反而会影响你们的关系，对你没有任何好处。

一天，一家公司的经理突然收到一封非常无礼的信，信是一位与公司交往很深的代理商写来的。

看完信后，经理怒气冲冲地把秘书叫到自己的办公室，并向秘书口述了这样一封回信："我没有想到会收到您这样的来信，尽管我们之间存在一些交易。但是按照惯例，我还是要把这件事情公布出来。"

经理叫秘书将信立即打印出来并马上寄出。

机灵的秘书认为，把信寄走对公司和经理本人都非常不利。他觉得，自己是经理的助手，有责任提醒经理，为了公司的利益，哪怕是得罪了经理也值得。于是，秘书过了一会，等经理的怒气消失后，对其言明利害关系，最后劝慰经理说："经理，这封信不能发，撕了算了。何必生这样的气呢？"

结果，经理听了秘书的分析，打消了寄信的念头。

对上司动之以情，晓之以理，再固执的上司也会被感化，从而考虑我们的建议。当然，我们在提出建议时立场一定要对，那就是要站在公司的立场上去看问题。

在现实中，并不是所有领导都能让下属心服口服，有的领导有动手能力，但却缺乏科学规划；有的领导自己的主意不好，但就是听不进下属的建议；还有些领导固守老一套，员工都想革新，他就是百般阻挠。在这样的领导手下做事，你该怎么办？

1. 领导总有闪光的地方

学会用欣赏的眼光看待领导，尽量客观地评价领导，这样才能避免因个别小事而对领导产生怨气和不满。相信领导不可能一无是处，既然是领导就总有闪光的地方。如果你能这样想，就可以减少很多不必要的不满。

2. 一味怄气是愚蠢的

一味忍受的做法是愚蠢的，明知领导做得不对或做得不好，却不敢发表正确的想法，对公司的发展并没有好处。同时一味怄气对自己的情绪、心理也有极大的副作用。所以应该找准时机，礼貌地表露自己的不满。

3. 学会装糊涂

如果你的能力确实在领导之上，有必要假装糊涂。有些领导觉得属下就应该比自己差一截，这样他们才会有成就感。因此，他们喜欢能力不如自己的下属。而一旦发现下属能力高于自己，就会感到坐立不安，还会对属下施加压力。因此，你不可过于锋芒毕露，以免引发他们的猜忌之心。

你也不必总是愁眉苦脸，因为那会影响到别人，也可能会给别人以可乘之机，他们会说闲话：瞧，那个部门主管实在不怎么样，连他们自己部门的人都不服气。不但给了人把柄，对自己的团队也有坏影响。所以，学会装糊涂，适当地忽视领导的不足。

如果你的领导是一个开明并且心胸宽广的人，你可以尝试用玩笑的语气，直接说出自己的真实想法，这样领导不但不会反感，反而可能会把你的直率坦荡记在心里。

当然，没有哪一种方法是通用的。处理对领导的不满，还需要多种方法结合起来，多管齐下，方能见到效果。

重视领导身边的人

领导身边的红人就是那些与领导关系非常密切的人。这些人在领导的决策、用人及其他问题的看法上，都会产生重要的影响。所以，在与领导搞好关系的同时，不要怠慢他们身边的红人。

有些人认为，在公司里只要尽心尽力，干出业绩，就能赢得领导的赏识和欢心，而把那些领导身边的心腹抛在脑后，他们认为这些人一没职位，二没权力，没有必要重视，只要不得罪就行了。殊不知，这样会让自己多走不少弯路。所以，为了早日获得加薪和晋升的机会，你应该努力和领导身边的红人搞好人际关系。

三国时的曹丕之所以能够顺利拿下嗣子的宝座，正是因为他深谙此道。

三国时曹操的儿子曹丕和曹植争夺嗣子的宝座。曹植自恃文才过人，父亲又重才胜过一切，所以便不拘小节。曹丕自知没有曹植那么好的文才，但平日对曹操身边的文臣武将格外尊敬，最终顺利地登上了嗣子的宝座。

现在看来，曹植将父亲曹操的作用过于夸大。他认为父亲是说一不二的一国之主，只要父亲看重自己，就没必要顾及其他人。曹丕就比较聪明，他调动了父亲方方面面的"亲信"为自己说话，终于达到了自己的目的。

这个历史故事很能说明问题，即要重视领导身边的红人。虽然老板有最终决定权，但在决定之前，老板通常会倾听这些红人的意见和建议，所以领导的决策常常受到这些红人的影响。如果你与这些红人有良好的关系，这些红人一定会在领导面前说你的好话，这样就能让你获得很好的发展机会。

陆先生刚满 24 岁，就已经成了部门主管，而且很有发展前途。公司的老板对他十分欣赏，但是他对老板并不是那么恭敬，而对老板的得力助手——分管人事的副总却出人意料地亲近。每当过节，陆先生都会登门造访，而且要带上特色礼物，以表心意。

大家觉得很奇怪，为什么陆先生对那个本事不大的副总如此亲近。于是，有亲密的朋友问陆先生。陆先生说，老板是个正人君子，用不着顾及和他的关系，只要你把工作做好，他就会非常满意。那副总则不同，这种人虽然没多少真才实学，但他在为人处世上很有心眼，所以，一旦他对你不满，或在背后说你坏话，给你带来消极作用，你是吃不消的。我和他那么好，就是希望他不要在背后坑害我，至于他帮不帮我那还是次要的。

当然，陆先生与分管人事的副总走得那么近，后者对陆先生好也是情理之中的，他还经常向陆先生通报一些情况，两人处得还真不错。

尽管领导身边的红人没有决策权，但他知道的信息很多，对领导制定决策有很大的影响力。与这些红人处好关系，不但可以防止这些人为自己制造麻烦，也能达到让他们在老板面前举荐自己的目的。所以与他们亲近，就可以达到双重目的。

提出建议，让领导自己做主

同事之间发生意见分歧可以商量，可以争论，或者干脆不照他的意见办。可是与领导有意见分歧却不好办，争论有碍情面，不听取不合适，执行吧，明明他的意见不可取，实在为难。这应该怎么办呢？很简单，提出建议，让领导自己得出结论。

如果认为自己的意见是正确的，那么，为了避免工作上的损失，就应积极主动地对领导进行解释工作。在解释时除了耐心、细心以外，还要注意方式方法。对领导如果不注意方式方法，那么就会有不尊重领导之嫌。

"献其可，替其否"，这是《左传》中的一句话，其意思是说，建议用可行的去代替不该做的。你要抓住领导意见中的某一处被你所认同的地方，加以大力的肯定和赞赏。而后，提出相反的意见，这时候，你的意见往往可以被接受。因为你一开始就肯定了领导的意见的某一处价值，就已经打开了进入领导脑中意见库的大门。

在公司的一次例行会议上，小陈对经理关于质量问题的处理不是很满意。在经理征求大家意见的时候，小陈说："经理说得对，在产品质量方面，我们的确应当给予充分的重视，这是解决问题的前提之一。我认为，除此之外，我们还应当加强全体员工的质量意识。现在我观察到公司员工的质量意识并不强，工作中有疏忽大意的倾向，这股风气必须刹住，否则质量问题是很难得到彻底解决的。我想，如果我们对各级员工都进行质量意识培训，员工看到公司上层如此重视，自然也就重视起来了。如果真能这么做的话，解决这个问题是不费吹灰之力的，公司也能以更快的速度发展。"

听了这番话，经理不断点头，采纳了小陈的意见，并对他的这种敢于提意见的行为给予了肯定。

提建议时，你不要直接去点破领导的错误所在或越俎代庖地替其做出你所谓的正确决策，而是要用引导、试探、征询意见的方式，向领导讲明其决策、意见本身与实际情况不相符合，使其在参考你所提出的建议资料信息后，自然而然地做出你认为正确的决策。

威尔逊做总统时，在他的顾问班子里，唯有霍士最得其信任。别人的意见，他很少采用，或是根本不采用，而霍士却屡屡进言得以被采纳，后来霍士做了副总统。霍士自述说："我认识总统之后，发现了一个让他接受我的建议的最好办法，我先把计划偶然地透露给他，使他自己产生兴趣。这种方法是在一次偶然的机会中发现的。"

霍士不但使威尔逊自信这种思想是自己的，后来他还牺牲了自己许多伟大的计划，让给威尔逊来获得民众的拥戴。那么，霍士是怎样把计划"移植"到威尔逊心中的呢？他常常走进总统办公室，以一种请教的口吻提出建议："总统先生，不知道这个想法是否……

您不觉得这样做还有什么不妥吗……我们是不是这样……"就这样，霍士把自己的思想不露痕迹地灌入威尔逊的大脑，使他从自己的角度考虑这些计划，加以完善并付诸实施。

戴尔·卡耐基曾经说过："如果你仅仅提出建议，而让别人自己去得出结论，让他觉得这个想法是他自己的，这样不更聪明吗？"许多实践也表明，人们对于自己得出的看法，往往比别人强加给他的看法更加坚信不疑。因此作为一个聪明的下属，要想使自己的看法变成上司的想法，在许多时候应做好引导工作，提出建议、提供资料，其中所蕴含着的结论，最好留给上司自己去定夺。在这方面美国总统罗斯福的私人顾问就做得比较出色。

1939年10月11日，美国白宫进行了一次具有历史意义的交谈。美国罗斯福总统的私人顾问萨克斯受爱因斯坦等科学家的委托，正在说服罗斯福总统重视原子能的研究，抢在纳粹德国之前制造原子弹。

萨克斯先向总统面呈爱因斯坦的长信，接着谈了科学家们关于核裂变发现的备忘录，一心想说服罗斯福总统。可是罗斯福总统的反应却十分冷淡，他说："这些都很有趣，不过政府若在现阶段干预此事，看来还为时过早。"

萨克斯心灰意冷地向总统辞别。这时，罗斯福为了表示歉意，邀请他第二天来共进早餐。第二天早上七点钟，萨克斯与罗斯福在餐桌前共进早餐。他还未开口，罗斯福就说："今天不许再谈爱因斯坦的信，一句也不许谈，明白吗？"

"我想讲一点儿历史，"萨克斯看了总统一眼，见总统正含笑望着自己，他说，"19世纪初，在欧洲大陆上不可一世的拿破仑，在海上却屡战屡败。这时，一位年轻的美国发明家富尔顿来到了这位法国皇帝面前，建议把法国战舰的桅杆砍断，撤去风帆，装上蒸汽机，把木板换成钢板。可是拿破仑却想，船没有帆就不能走，木板换成钢板就会沉没。于是，他把富尔顿轰了出去。历史学家们在评论这段历史时认为，如果当时拿破仑采纳了富尔顿的建议，19世纪的历史就得重写。"萨克斯说完后，目光深沉地注视着总统。

罗斯福沉思了几分钟，然后取出一瓶拿破仑时代的法国白兰地，斟满了酒，把酒杯递给萨克斯，说道："你胜利了！"

萨克斯热泪盈眶，他说："总统的这句话，揭开了美国制造原子弹历史新的一页。"

本来罗斯福是坚决不考虑原子弹的问题的，可由于萨克斯采取了比较好的方式方法，罗斯福居然改变了看法，收回了成命，同意萨克斯的意见。除了提出意见的技巧之外，给领导多提供一些选择的余地也会使领导感到非常舒服，当然这也是一种高明的心理策略。

第五章 ▷

出奇制胜的心理博弈

《孙子·势篇》载："凡战者，以正合，以奇胜。故善出奇者，无穷如天地，不竭如江河。"其意是大凡成功的战争，总是以"正"兵迎敌，以"奇"兵取胜。善于用奇兵取胜的将帅，他的战术变化，就如同天地的运行一样，无穷无尽；犹如江河的流水一样，永不枯竭。战场千变万化，人际关系又何尝不是如此，只有从实际发出，采取灵活机动的"作战"方案，才能从容应对，事半功倍。

对症下药，充分利用对方的弱点

在生活中，针对对方在行为和心理上的一些弱点和不足之处对症下药，这样会更有利于事情朝着对自己有利的方向发展。只要抓住对方的弱点，出奇制胜，自己就能够处于主动的地位。

实际上心理博弈的过程与下棋的过程一样，只有抓住对手的弱点展开针对性的攻击才能让你最终赢得胜利。在这场没有硝烟的战争中，是否能把兵用活、用神，如何出奇制胜，关键看参与心理博弈者的综合素质。没有奇迹，可以创造奇迹，奇迹在智慧中产生。在战术上迷惑对手，用对手意想不到的方法，这才是大智慧的体现。

历史上，许多帝王将相在身处困境而难以摆脱时，就是充分利用了对方的弱点，最后使自己由被动而变为主动的。

齐景公手下有三个勇士：田开疆、古冶子和公孙捷。这三个人结拜为兄弟，经常对大臣无礼。大臣晏婴知道这样下去，肯定会出问题，就一直找机会要除掉这三人。

景公说："这三个人力气大，与他们硬拼，恐怕拼不过他们，暗中刺杀又刺不中。"

晏子说："这些人虽然力大好斗，不惧强敌，但不讲究长幼之礼，这是他们的致命弱点。"

有一天，鲁昭公到了齐国。齐景公设宴招待，晏子陪坐，田开疆等三人带剑站在台下，洋洋自得，目中无人。席间，齐景公听从晏子的意见，拿出两个桃子，对田开疆等三人论功行赏。

公孙捷第一个走上台说："当年我跟主公去打猎，赤手打死了一只猛虎，救了主公一命，这功劳大不大？"晏子连忙说："这个功劳很大，可以喝一杯酒，吃个桃子。"

古冶子一看，跳出来说："杀个老虎算什么，我曾经杀了黄河里一只大鼋，救了主公一命，你说我该不该吃个桃子？"

齐景公说："当时若不是古将军，我早已葬身鼋腹了，古将军盖世奇功，饮酒吃桃，没什么问题。"

晏子一听，赶紧给古冶子倒酒递桃。

这时，只见田开疆站在台下说："我曾经南征北战，杀敌无数，使诸侯震惊，推举主公为盟主，这个功劳不知大不大？"

晏子连忙说："田大将军的功劳比公孙将军和古将军大十倍，只是桃子已经没有了，请大王赐给他一杯酒，等明年桃熟后再给将军桃子。"齐景公同意了。

田开疆一听，热血上冲，说："我功劳最大却吃不上桃子，反而在两位国君面前受这种侮辱，我还有什么脸面活在世上？"说完就拔剑自杀了。公孙捷大吃一惊，持剑说："我功劳小吃了桃，田君功劳大反而吃不上桃子，他死了，我又有什么脸面活在世上？"说完也自杀了。古冶子大声喊道："我们三人结为兄弟，他俩都死了，我活着还有什么意思。"也拔剑自杀了。

于是，齐景公命人以勇士之礼，厚葬了三人，晏子就这样巧妙地用计谋，消除了齐国即将发生的内乱。

从上述故事我们不难得出结论，生活中每一个人都有弱点；有了弱点，就避免不了被人利用。所以，无论你的对手是多么强大的人，他都不可能没有弱点，只要抓住对方的弱点，你就有可能在与之进行心理交锋中占得先机。比如，面对好大喜功的人，你就应该表露出一些敬佩之意。就像下面这位小姐这样，只要方法得当，就没有解决不了的问题。

　　一位催款小姐到某公司催款已有数次，都没要回分文。一次，她在那家公司的总经理办公室等候，观察到进进出出的职员都恭维总经理领导有方，这时，总经理本来板着的面孔就会露出得意的微笑，陷入自我陶醉之中。

　　催款小姐发现了这位总经理好大喜功、经不起吹捧、爱面子的弱点，于是对"症"下起药来。在以后与总经理的交谈中，催款小姐对欠款公司的发展、规模、能量、信誉等展开了评论，讲得有理有据，头头是道，不时显露出敬佩之意。总经理越听越高兴，索性自己滔滔不绝地讲起"治厂经"，这位小姐马上变成了一个耐心的听众，偶尔说几句助兴的话，使总经理觉得两人谈得很投机。催款小姐见时机成熟，便恭维说："总经理，像您这么稳重成熟，思考周密，一般人在你这个年龄是很难做到啊！"一句话又使得对方将自己的经历和盘托出。最后转入正题，催款小姐叹道："难哪，就像我催款一样，总也不见效，对上面不好交代。您这么洒脱的人，给我办了，有为难之处吗？"总经理爽快地答应说："你也跑了好几趟了，很不易，下个周一，你找王副总拿款吧！我给打个招呼就行了！"

　　终于，棘手的问题迎刃而解。

从上面催款小姐成功地收得欠款的事例中我们可以看出：抓住对方弱点，往往是成功的关键。在生活中，人与人的交往，就是一种心理博弈。利用对方的弱点，抓住对方的需求点，加以游说，那么，你就成功了。

与弱者结盟，可以对抗强大对手

许多生活中的事例证明，弱者面对看似强大得无法战胜的对手，并不是毫无胜算。保护自己的最好办法就是与同为弱者的另一方结成同盟。同样的道理，在强强对垒中，强者要想扭转这种两败俱伤的局面最好的办法也是与弱者结盟。

在一个有弱者、次强者、强者的三方对决中，如果次强者水平较高，弱者最好是挑起强者之间的争斗，自己袖手旁观坐收渔翁之利；如果次强者水平也较低，那么弱者为了争取更大的生存机会，就应当先帮助次强者一起对付强者。否则，一旦让最强者消灭了次强者，那么弱者也将自身难保。

反过来，强者为了避免弱者与次强者采取联盟的策略，更为了避免自己与次强者形成两败俱伤的结局。他就应该想方设法，拉拢对自己威胁最小的一方，从而实现胜出的目的。

小王、小李和小刘是同一家贸易公司的三位优秀职员，小王在他们三人之中工作能力最强，资历也最老，小李的工作能力也很强，但资历没有小王老，而小刘是三人中实力最弱的一人。

三人得知下个月公司将在他们所在的部门提拔一位部门经理，

需要从公司选定的两位候选人中选出一人，而落选的候选人也能够得到涨工资的待遇，于是三人纷纷为之努力。小王认为小李是自己最大的竞争对手，小刘对自己的威胁不大，他决定要与小刘合作。这天小王主动找到小刘希望与他达成默契，并帮助小刘取得一个候选人名额。小刘心想，按常理候选人理应是小王和小李二人，但如果我与小王合作就可以为自己争取到这个候选人名额，所以决定与小王合作。

于是在一个月的时间里，小王和小刘精诚合作，共享资源，整合优势，出色地完成了一个大项目。结果小王如愿当上了部门经理，而小刘也如愿得到了涨工资的待遇。

上述的事例在当今的职场之中、商业竞争中比比皆是，强者与最弱者结盟排挤次强者往往能够达到双赢的局面，既避免了身为强者的一方与次强者拼得两败俱伤，又能让最弱者从中得利。

强者之间相互争斗结果很可能是两败俱伤。正是因为这样，强者有时更需要与弱者结盟而不是消灭弱者，因为这样能使强者更强。

适度欺骗，无关道德的小技巧

欺骗作为一种策略，本来就与道德无关。当然，我们这里所说的欺骗要以适度为原则，只有适度的欺骗才会让你更易获得成功。任何欺骗，不论是善意的还是恶意的，一旦超过一定的"度"，都会适得其反。

在前面我们已经说过，如果人们对自己和对方的优势及弱点都了如指掌，就会想方设法地加以利用，把对方的弱点作为突破对方防线的重点。因此，作为应对的一方，为了不让对方看透自己，最好的方法就是采用欺骗和隐瞒的手段，让对方无法摸清自己的底细，这样自己才能在相互之间的心理较量中取胜。同样的道理，你的对手也会采用欺骗的策略，尽可能多地隐瞒一些于己不利的信息。

也许有人会说，这是一种不道德的行为，只有诚实的人才是道德的，事实果真如此吗？关于道德与欺骗的辩证关系，古希腊大哲学家苏格拉底曾有过精彩的论述。

一天，苏格拉底像往常一样，赤脚敞衫，来到市场上。突然，他一把拉住一个过路人问道："我有一个问题不明白，向您请教，人人都说要做一个有道德的人，但究竟什么是道德？"

"忠诚老实，不说谎话，这就是公认的道德。"那人回答道。

苏格拉底问："您说道德是不能说谎话的，但在和敌人交战的时候，我军将士千方百计地去欺骗敌人，这能说不道德吗？"

那人答："撒谎欺骗敌人是符合道德的，但欺骗自己人就不道德了。"

苏格拉底问："那如果和敌人作战时，我军被包围了，处境险恶，为了鼓舞士气，将领欺骗士兵说：'我们的援军就要到了，大家奋力突围。'结果成功了。这种谎言能说不道德吗？"

那人答："那是出于无奈，我们在日常生活中就不能这样。"

苏格拉底又问："我们常常会遇到这样的问题，儿子生病了，又不肯吃药，父亲骗儿子说：'这不是药，是一种十分好吃的东西。'难道这也是不道德吗？"

　　那人只好承认："这种善意的欺骗行为是道德的。"

　　苏格拉底又问："不骗人是道德的，骗人也可以是道德的，也就是说，道德不能用骗不骗人来说明。究竟用什么来说明呢，您告诉我吧？"

　　那人只好说："不知道道德就不能做到道德，知道了道德就是道德。"

　　苏格拉底高兴地说："您真是一位伟大的哲学家，您告诉了我道德就是关于道德的知识，使我明白了一个长期以来困惑的问题，我衷心地谢谢您。"

　　通过这个故事我们也明白了另外一个道理：欺骗作为一种策略，本来就与道德无关。当然，我们这里所说的欺骗是以适度为原则的，只有适度的欺骗才会让你更易获得成功。任何欺骗，不论是善意的还是恶意的，一旦超过一定的"度"，都会适得其反。

特立独行，做人群中的少数派

　　生活中，有些人总是喜欢随大流，跟在别人的屁股后面行事，这样必然导致自己陷入默默无闻的境地。其实只要你细心观察就不难发现，那些成功人物之所以成功，并不是因为他们的能力比别人强多少，只是他们更善于运用"特立独行"的心理博弈策略。

　　特立独行，说的就是不要走寻常路。比如，在股票市场上，每个股民都在猜测其他股民的行为而努力与大多数股民不同。如果多数股民处于卖股票的位置，而你处于买的位置，股票价格低，你就是赢家；而当你处于少数的卖股票的位置，多数人想买股票，那么你持有的股票价格将上涨，你将获利。股民采取的策略是多种多样的，他们完全可以根据以往的经验总结出自己的策略，但是对于处理其他的问题，他们可能就显得没那么游刃有余了。

唐太宗李世民亲征高丽。高丽派大将高延寿和高惠真率 15 万大军前来迎战。唐太宗设计将他们诱至安市城东南 8 里，双方展开决战。

李世民选了一个高坡观战。当时战场上阴云四起，雷电交加。双方刚一接阵，唐军中就有一员身穿耀眼白袍的小将，手中握戟，腰挎长弓，大吼一声冲入敌阵。敌将惊慌失措，还没来得及分兵迎战，阵形已被冲散，士卒四散奔逃。唐军在那员小将的率领下掩杀过去，高丽军大败。

战事刚一结束，李世民马上到军中询问："刚才冲在最前面的那个身穿白袍的将军是谁？"有人回答："是薛仁贵。"

李世民专门召见了薛仁贵，对他大加赞赏，还赏了他两匹马、40 匹绢，并加封为右领军郎将，负责守卫长安太极宫北面正门玄武门。此后，薛仁贵多次率兵南征北战，立下了"三箭定天山"的功劳，官至右威卫大将军、平阳郡公兼任安东都护。

薛仁贵穿上与众不同的白袍杀入敌阵，其初衷也许是为了让自己士兵易于辨识，但在客观上起到了引起唐太宗注意的效果。他所采取的"白袍策略"就是我们在开始时所强调的"特立独行"。

在社会上，成功的机会以及可以助我们成功的资源都是有限的，只有少数人能拥有。因此，要想在多人中胜出，就必须抛弃随大流的想法，做人群中的少数派。

有一个衣衫褴褛的少年，到摩天大楼的工地，向衣着华丽的承包商请教："我应该怎么做，长大后才能跟您一样有钱呢？"

承包商看了少年一眼，对他说："我给你讲一个故事：有三个工人在同一工地工作，三个人都一样努力，只不过，其中一个人始终没有穿工地发的蓝制服。最后第一个工人现在成了工头，第二个工人已经退休，而第三个没穿工地制服的工人则成了建筑公司的老板。年轻人，现在明白了吗？"

少年满脸困惑，听得一头雾水，于是承包商继续指着前面那批正在脚手架上工作的工人对男孩说："看到那些人了么？他们全都是我的工人。但是，那么多的人，我根本没法记住每一个人的名字，有些甚至连长相都没印象。但是，你看他们之中那个穿着红色衬衫的人，他不但比别人更卖力，而且每天最早上班，也最晚下班，加上他那件红衬衫，使他在这群工人中显得特别突出。我现在就要过去找他，升他当监工。年轻人，我就是这样成功的，我除了卖力工作，表现得比其他人更好之外，我还懂得如何让自己与众不同以获取成功的机会。"

有句格言说："假如所有的人都向同一个方向行走，这个世界必将覆灭。"同样的道理，做任何事都按照大多数人的方式行事，那么你将很难在茫茫人海中脱颖而出。当很多人都在争夺同一项资源的时候，特立独行的人却总是能够发现别人忽略或是根本不知道的机会，并且善于利用和开拓。他们独辟蹊径，最终开拓出一片无人争夺的领地。因为少了竞争和阻力，他们往往能比别人更有优势，因此也更领先一步成功。

以小搏大，空手也能套白狼

"空手套白狼"的关键是"以小搏大"，以最小的投入取得最大的回报。以科学的语言来描述，就是通过独特的创意、精心的策划、完美的操作、具体的实施，在法律和道德规范的范围之内，巧借别人的人力、物力、财力，来获取成功的运作模式。

许多人在通往成功的路上，往往抱怨没有资金，没有可助自己成功的资源。其实，只要你艺高人胆大，即使在缺乏资源的情况下，也一定能够达到自己的目的。

有一个年轻人，最大的嗜好就是喂养鸽子。然而随着鸽群的逐渐壮大，他的经济状况越来越拮据。面对财政上出现的赤字，他除了焦急，也无可奈何。直到有一天，他被离家不远的街心花园里的几只小鸟触发了灵感。那是几只在此安家落户的野鸟，适应了人来人往的都市氛围，有时一些游客顺手丢些零食，它们会乖巧地接着。见此情景，年轻人联想到了自己的鸽子。

于是，在一个假日，年轻人将自己的鸽子带到了街心花园里。

果然不出所料，前来游玩的人们纷纷将玉米花抛向鸽子，又逗又玩，有人还趁机照相。一天下来，鸽子吃饱了，省下了年轻人一天的饲料钱。这个年轻人没有就此满足，他想到了一个更加绝妙的主意，就是在花园里出售袋装饲料，既可以赢利，又可以喂养鸽子。

年轻人辞去了原来的工作，专门在公园内出售鸽子饲料，收入居然超过了原来的薪水，又省了喂养鸽子的大笔开销，同时可以终日逗弄自己心爱的鸽子，真所谓"一举数得"，街心花园也因此出现了一个新的景点。

用游客的钱喂自己的鸽子，同时还可赢利，年轻人这一招巧借别人的财力、物力为自己赢利的方法，真是将"空手套白狼"的心理博弈策略发挥得淋漓尽致。

荀子认为：借助于车马的人，并非脚程很快，但是可以到达千里之外；借助于舟楫的人，并非善于游泳，但是可以渡过长江大河；有才能的人与常人有什么不同，只不过善于借助外物罢了！所以，我们要学会借助外力，获取成功。

笑到最后，才能成为最终的赢家

俗话说，笑到最后的人才是笑得最甜的人。最后的赢家是不在乎胜利之前会有怎样的牺牲与付出的，只要达到他的最终目标，他就是赢家。

评估一个策略成功与否，一个常见的方法是衡量它有多大能力来克服自己的不足。如果我们从发展的角度思考，就会发现最有利于自身成长的策略才是对自己真正有利的优势策略。这一理论我们可以从楚汉战争的结局中得到很好的证明。

项羽于公元前209年与其叔项梁在江东聚集"八千子弟"造反。在随后的反抗秦国的大战中，显示出无人能敌的强大战斗力，被各派割据武装推为霸主。公元前206年，义军占咸阳灭秦，项羽将刘邦打发到偏僻的汉中，自己也离开当时天下最富庶的关中而东返彭城立都。随后，刘邦暗度陈仓夺取了关中，接着东袭彭城。项羽即刻回兵打败汉军。随后几年，楚汉战争呈持久状态。项羽屡战屡胜，汉军屡战屡败，然而项羽却于公元前202年在垓下一败而溃。

"力拔山兮气盖世"的英雄项羽失败了，于是，项羽失败的原因一直为许多人所探究。项羽从起兵到失败丧生历时七年，战绩辉煌，用他自己的话来说就是"身七十余战，所当者破，所击者服"，最后却一战而全军溃败，到底是为什么呢？项羽最后自叹是"此天之亡我，非战之罪也"。其实，从心理博弈的角度来分析，项羽的兵败并非天命，恰恰是"人为"造成的。为什么这么说呢？其原因有二。

第一个原因就是，项羽起兵后，一直以起兵时的"八千子弟"为骨干。史学家曾考证这批江东首义者的出身，发现多是些流浪、乞盗的江湖上的人，虽勇武好斗却破坏性极强。他们纵横天下时，战斗力虽胜过诸侯之兵，却有焚杀劫掠的恶习，在关中就曾制造了坑杀秦军降卒、攻城后焚烧洗劫一类的暴行，因此当地百姓对他们恨之入骨。而刘邦初到关中便实行"约法三章"，为自己赢得了威望。

第二个原因也是与第一个原因有联系的，那就是稳固的根据地。刘邦每次兵败后都能恢复元气，关键是有关中作为后方，能源源不断地供应粮食和补充兵源。而项羽却从不注重建设后方，主要靠兵士四处索粮掠物，所得不多又失民心，自然不能持久。

刘邦虽然每次战役都没有能战胜对手，但是随着战争的进行，实力日益增强。而项羽虽然能够从每一场战役中获得一些胜利，但实力却愈战愈衰。最后的结局也就可想而知了。

"力拔山兮气盖世"的项羽败给了文不知诗书、武不能阵战的刘邦，如果要归咎于偶然失手或一念之差，那只是一种十分浅薄的认识。事实上，项羽败刘邦胜恰恰说明，在任何一场战争中，只有战略的胜利者才是最后的胜利者，是真正的胜利者。

对于这一点，我们也可以通过博弈论的研究得到证实。爱克斯罗德曾用数学方法和计算机的手段研究如何突破囚徒困境，他在计算机模拟中得出了一个非常惊人的发现：总分最高的人在每次博弈中都没有拿到最高分。

楚汉之争这段历史的结局也证明了，你赢得了每一个战役，也不一定能赢得整个战争。因此，要想做最后的赢家，就必须有全局优先的观念。

无论是从历史事件，还是现实生活中，我们都可以得到这样的启示：即使每一次心理博弈中你的策略都会给自己带来损失，但如果它最后还是能为你赢得全局的胜利，那么我们就要采用这个策略。而不要采用那些虽然能为自己赢得暂时的胜利，却足以慢慢消耗掉自己的资源和优势的策略。

化敌为友，和谐处世的大智慧

人与人之间的争斗有时是难以分出胜负的，最有效的办法莫过于以自己的仁爱之心去换取对方的真心。化敌为友，化干戈为玉帛。

生活在纷繁复杂的社会中，难免会与人发生矛盾和冲突，与这样或那样的对手"狭路相逢"。在这些对手中，有的也许的确是蓄意阻挡你前进的道路，但大多都是由于各种原因而产生的误会。因为每个人都明白，挡住别人的去路，实际上自己也无法前进。如果能够"一笑泯恩仇"，并把对手变成朋友，说不定还能联手找到一条能让双方共同前进的道路。

当然，这不仅需要人们具有宽容大度的胸怀，还得具有和谐处世的智慧。在我国历史上，宋太祖赵匡胤可谓是深谙此中道理。

宋太祖的宽厚和容人之气量不仅仅体现在对待自己的臣子上。公元 971 年，南汉的刘后主经过多年的叛乱后，终于投降了。太祖不但没有杀他，反而赐予他高官厚禄，同时还邀请他入殿喝酒叙情。刘后主难以想象自己作为一个俘虏怎么能得到这么大的礼遇，害怕赵匡胤在酒里下毒，他哭喊道："请陛下赦臣一死，不要让我喝这杯酒。"赵匡胤听了他这句话，拿起刘后主的酒杯一饮而尽。从此，刘后主成为他最信赖和最忠诚的朋友。

吴越王战败时，有人将他谋反的证据交给宋太祖。吴越王晋见太祖时，太祖对他十分礼遇，并交给他一封信，嘱咐他在返国途中打开。在回去的路上，吴越王打开信一看，发现里面装的都是他谋反的文件。宋太祖的宽宏大度让他心服口服，从此衷心依附宋朝。

一般人面对敌人或对手的时候，采取的态度是不屈不挠、咬紧牙关、迎面而上、决不退缩。但是真正懂得心理博弈策略的人会选择另一种方式：站到敌人的身边去，把敌人变成自己的朋友。

其实，人与人之间的争斗有时是难分出胜负的，最有效的办法莫过于以自己的仁爱之心去换取对方的真心。化敌为友，是与人交往的最高境界。

2003 年 12 月，美国的 Real Networks 公司向美国联邦法院提起诉讼，指控微软公司滥用了在 Windows 操作系统上的垄断地位，限制 PC 厂商预装其他媒体播放软件。并且无论 Windows 用户是否愿意，都强迫他们使用绑定的媒体播放器软件。Real Networks 公司要求获得 10 亿美元的赔偿。

然而就在官司还没有结束的情况下，Real Networks 公司的首席执行官格拉塞却致电比尔·盖茨，希望得到微软公司的技术支持，以使自己的音乐文件能够在网络和便携设备上播放。所有的人都认为比尔·盖茨一定会拒绝他。但出人意料的是，比尔·盖茨对他的提议表示欢迎。他通过微软的发言人表示，如果对方真的想要整合软件的话，他将很有兴趣合作。

2005 年 10 月，微软公司与 Real Networks 公司达成了一份价值7.61 亿美元的法律和解协议。根据协议，微软同意把 Real Networks

公司的 Rhapsody 服务包括进其 MSN 搜索、MSN 信息以及 MSN 音乐服务中，并且使之成为 Windows Media Player 10 的一个可选服务。

类似的故事也曾经发生在微软和苹果两大公司之间。

自 20 世纪 80 年代起，苹果公司和微软公司就一直处于敌对状态，为争夺个人计算机这一新兴市场的控制权展开了激烈的竞争。到 20 世纪 90 年代中期，微软公司明显占据了领先优势，占领了约 90% 的市场份额。而苹果公司则举步维艰。但让所有人大跌眼镜的是，1997 年，微软公司向苹果公司投资 1.5 亿美元，把它从倒闭的边缘拉了回来。2000 年，微软为苹果推出 Office 2001。自此，微软与苹果真正实现双赢，合作伙伴关系进入了一个新时代。

上面两个故事发生在前世界首富比尔·盖茨身上，绝对不是一个巧合，因为它们都来源于一种对商机的把握和设计，以及与对手握手言和的处世智慧。比尔·盖茨化干戈为玉帛，将一场没有赢家的争端消弭于无形，无疑是值得每一个人学习的。

在人际交往中亦是如此，为了生存，人们必须学会把人际关系变成是一场双方得益的双赢，而这样才是使人际关系向着更健康方向发展的唯一做法。要知道失去一个朋友，有可能就失去了一个很好的资源和很多的机遇。

借鸡生蛋，利用外力壮大自己

借鸡生蛋的思路自古就有，但是能够将这种策略运用到实际生活中就不是每个人都能做到的了。对于参与心理博弈的你而言，这个外力既可指竞争对手的力量，也可指合作伙伴的力量，还可以指自然之力。

在激烈的竞争中，一个力量弱小的人如果仅仅依靠自身的力量而不借助外界的力量，是很难成就一番大事业的。古往今来，许多人虽然未听说过借鸡生蛋这一说法，但是却都懂得运用相似的策略。

清政府的官场中历来靠后台，走后门，求人写推荐信。军机大臣左宗棠从来不给人写推荐信，他说："一个人只要有本事，自会有人用他。"左宗棠的知己好友有个儿子，名叫黄兰阶，在福建候补知县多年也没候到实缺。他见别人都有大官写推荐信，想到父亲生前与左宗棠很要好，就跑到北京来找左宗棠。左宗棠见了故人之子，十分客气，但当黄兰阶提出想让他写推荐信给福建总督时，顿时就变了脸，几句话就将黄兰阶打发走了。

黄兰阶又气又恨，离开左相府，就闲蹓到琉璃厂看书画散心。忽然，他见到一个小店老板学写左宗棠的字，十分逼真，心中一动，想出一条妙计。他让店主写柄扇子，落了款，得意洋洋地摇回福州。

在参见总督的时候，黄兰阶手摇纸扇，径直走到总督堂上。总督见了很奇怪，问："外面很热吗？都立秋了，老兄还拿扇子摇个不停。"

黄兰阶得意地把扇子一晃："不瞒大人说，外边天气并不太热，只是我这柄扇是我此次进京，左宗棠大人亲送的，所以舍不得放手。"说完还故意将扇面上的题字呈给总督看。

总督吃了一惊，心想：我以为这姓黄的没有后台，所以候补几年也没任命他实缺，不想他却有这么个大后台。左宗棠天天跟皇上见面，他若恨我，只消在皇上面前说个一句半句，我可就吃不住了。看那题字，确系左宗棠笔迹，一点不差。总督闷闷不乐地回到后堂，找到师爷商议此事，第二天就给黄兰阶挂牌任了知县。

黄兰阶不几年就升到四品道台。总督一次进京，见了左宗棠，讨好地说："您的门生黄兰阶，如今在敝省当了道台了。当真是少年才俊，前途不可限量啊。"

左宗棠笑道："是嘛！那次他来找我，我就对他说：'只要有本事，自有识货人。'老兄就很识人才嘛！"左宗棠万万没有想到自己早已成了黄某人的靠山，助他攀上高枝，直上青云。

黄兰阶能够官拜道台，是借了左宗棠这个军机大臣的势，总督大人才给他升了官的。这种欺世盗名，瞒天过海的鬼点子虽然有点卑劣，但在那时，清政府的官场是如此腐败，如果黄兰阶不借左宗棠的势，只怕还不知道要候补到猴年马月。

在这里黄兰阶的行径所体现的也就是一种智慧：一个人要想在事业上获得成功，除了靠自己的努力奋斗之外，有时还要借助他人的力量，这样才能平步青云、扶摇直上。因此，从积极的角度看，借他人之力快速成长并不卑鄙，相反，还可称得上是一种难能可贵的人生智慧。

我们知道，一只蝴蝶的平均寿命是 1 个月，如果它想从南京飞到北京，单凭自己的力量需要 6 个月的时间，那么，是不是说它就无法实现这一愿望了呢？当然不是，它可先飞到一列南京开往北京的列车上，利用列车这个载体，就能轻而易举地做到。

湖南卫视"超级女声"海选过程中，蒙牛集团作为赞助商积极支持"超级女声"的活动，就是借湖南卫视这个平台来推广蒙牛酸酸乳的产品。在每次电视直播屏幕上，观众都可以看到蒙牛酸酸乳的标志，并且将"超级女声"定名为 2005 快乐中国蒙牛酸酸乳超级女声，蒙牛集团由于"超级女声"的名声大噪而获益，据悉，2005年，蒙牛集团给"超级女声"的赞助是 1 亿元，而"超级女声"带给蒙牛集团的回报是 10 亿元。

事实上，这个案例中的"借"是互动的过程，蒙牛借助了湖南卫视的宣传平台，而湖南卫视也借助了蒙牛的资金实力。这是一种双赢的局面。从这一事例也可以看出，并不是所有的"借"都不需要任何付出，在与人合作时，要借助他人力量的前提是，要么有自己的主导产品，要么得投入一定的资金。两手空空根本无法与人进行合作，也就无法达到借他人之力壮大自己的目的了。此外，在这种借的过程中还必须考虑到互惠互利的原则，只有更好的付出才能更好地借助，只是想借别人的力量达到自己的目的而不肯给予的话，此策略将失去效果。

见机行事，在冷门处收获成功

生活中，很多人不论是找工作，还是创业，都奉行见机行事，最好不打破既有的现实和规律。因此，在我们的身边常常会出现这样一种情况：热门行业总是人满为患，冷门行业常常无人问津。其实从发展的角度来看，行业冷热在不断地发生变化，今天的冷门或许明天就成了热门，而今天的热门，说不定明天就无人问津。

在生活中，参与买彩票、炒股票等现象的心理博弈者我们都可以将他们理解为想在冷门处收获成功的人。在古代，就有人想要通过类似的"爆冷门"方式来获取成功，其中典型的例子是明初的盐商展玉泉。

明初的盐商，以经营淮盐者居多，经营沧州盐的人少，即使有经营的，时间也比较短。但也有例外，那就是独具远见卓识的展玉泉。

由于盐业可获大利，官僚子弟大量涌入盐业，致使私盐之风日盛，私盐多而官盐阻滞。由于当时的特定时代背景，加之沧州本地的特殊地理环境等诸多因素的综合影响，使得沧州盐区成为这一危机的重灾区。亦即在沧州盐区出现了大量的私盐入境，加上当地居民自制土盐使得沧盐销量锐减。经营沧盐的商人在赢利额大幅下跌的情况下，纷纷离去，到其他地区另谋生计。

由于大多数盐商的纷纷离去，展玉泉的父亲受这些人的影响，开始有所动摇，也想离开沧州。有一句话说得好："知子莫如父"，展玉泉的父亲深知展玉泉对经商之道很在行，因此，展玉泉的父亲虽心中已有主意，但还想听听展玉泉的意见。

听了父亲的打算，展玉泉断然反对，并有条不紊地分析了当时的时局。他对父亲说："在沧州重新成为盐的热销区前，我们何不借此机会，多争得一些客户的信任，提高我们的知名度，为我们的财富大厦打下更深的地基呢？地基越深我们的财富大厦就能'盖'得越高。因此，虽然我们现在坐'冷板凳'，可一旦把'冷板凳'坐热之后，就可以形成'闭门家中坐，利从天上来'的局势。这就是'冷板凳'谋略的威力。总之，我们坚守阵地不动是静态的进攻策略，此乃上策；相反的，若此时采取动态的退避策略——效法其他商人离去，乃为下策。"

后来，展玉泉的话果然应验了，他的"冷板凳"坐热了，而且温度越升越高。盐制经过改革和整顿之后，出现了新的局面，经营沧盐者又可谋取大利，众盐商又纷纷云集于沧州，盐商人数比过去增加了10多倍。

故事中，展玉泉"人弃我取"，选择走"少数派"路线的心理博弈策略使得展家成了明初著名的盐业大户。这样的心理博弈策略在现代已经被越来越多的人采用。

如果大家都在同一行业打天下，那么遭淘汰的是大多数人，成功者不仅人数少之又少，而且也需花费巨大的力气，才能在竞争中惨胜。假如你在一个"冷门"行业中奋斗，那么，你要成功就比较容易，而且因为不会有较多的竞争对手，几乎可以说能垄断这一行。

香港的陈银海，曾在商界大爆"冷门"，被称为"冷门"状元。他是靠生产打花电脑一举成名的。他当年到香港时，仅仅是一名默默无闻的"打花"（即机绣）学徒。后来，陈银海自己买织机，做起老板来了，可是，运气并不好。1967年，香港发生大暴动，百业萧条，陈银海只得关门了事。这时的他，空有一身"打花"本领，却无用武之地。等到1978年，他时来运转了，电脑热潮在全世界兴起，而此时的香港"打花"业难请到人，如果陈银海此时受聘到别人的工厂去"打花"，那么，也就不会出现一个现在的"冷门"状元陈银海了！

他不愧有一双慧眼，觉得此时应该用电脑取代人，这当然是开先河之事，当时还无人问津。因此，他便斥资研究打花电脑，过了几年，便研究出了打花电脑，该产品质量上乘，受到各厂家的垂青，占领了世界市场的很大份额。他也成为生产电脑打花机的佼佼者。他所经营的这个行业是个"冷门"行业，当时，曾有人问他竞争者是否可以轻而易举地取而代之呢？他回答："那并非易事，因为干这个行业单懂电脑不行，必须得对纺织这个行业十分熟悉，否则难以加入竞争。"看来，陈银海对自己的事业已经是深思熟虑了。

"行行出状元"这句话非常正确。陈银海不就是这样吗？他能在市场中寻找空隙，从而造出新产品来，当然应该是赢家。如果你能做到这一点儿，也一定会成功。另外，陈银海还公开了他成功的秘诀："勤勉及诚实，不怕艰苦，必有出人头地的一天。"凭此，陈银海财源滚滚而来，年营业额达数千万元。

从发展的角度来看，行业冷热在不断地发生变化，今天的冷门或许明天就成了热门，而今天的热门，说不定明天就无人问津。国人都有跟风的爱好，看到哪个行业红火便蜂拥而上，考学如此，找工作如此，创业如此，炒股也是如此，殊不知，这样一来竞争将是何等的惨烈。因此，在大家都疯狂地涌向热门行业时，我们不妨做个冷静的旁观者，悄悄向冷门处进军，往往会有意想不到的收获。

第六章

人情世故的心理博弈

人活在这个世上，就得讲一些人情世故。明·冯梦龙《醒世恒言》第二十一卷："可惜你满腹文章，看不出人情世故。"现代人总是认为朋友疏远，感受不到彼此关心、支持和享受人际亲密感的机缘。其实，你有没有想过，是自己不懂人情世故而造成的呢？要知道，人情世故是生活的一部分，它是一种历练，也是一种智慧。

感情投资，花费少回报高

人是有感情的动物，在感情上进行投资是基于人们感情的饥渴而产生的一种心理策略，是迎合人内心渴盼，满足人性需要的一种行为。事实证明，这是一项一本万利的生意。

说到感情投资，日本麦当劳社长藤田田在其所著的畅销书《我是最会赚钱的人物》中谈到，在他的所有投资中，感情投资是他花费最少，回报率最高的一种投资。其实利用感情投资获得人心，不仅在现代社会具有重要的作用，在过去或是将来，均有非凡的价值。

吴起是战国时期著名的军事家，在他担任魏军统帅时，总能与手下士卒同甘共苦，深受下层士兵的拥戴。当然，吴起付出这样的感情投资的目的是让士卒们在战场上更卖命，多打胜仗。

一个士兵身上生了个脓疮，吴起亲自用嘴为这位士兵吸吮伤口上的脓。作为全军统帅，吴起这样做足以让全军上下感动不已，而当这位士兵的母亲得知这个消息时，却哭了。有人感到非常奇怪，就问道："您的儿子能得到吴起将军如此关照，您应该感动才是，为何难过呢？"这位母亲哭诉道："吴起这样做表面上是很爱我儿子，但实际上是为了让我儿子为他卖命呀。当初吴将军也曾为我的丈夫包裹伤口，结果战争中，我的丈夫格外卖力，总是冲锋陷阵。虽然吴起将军屡建战功，但我的丈夫却最终战死沙场。"

"人非草木，孰能无情"，统帅爱护自己的士兵，士兵怎能不为其尽心竭力呢？所以，在战争中士兵总能奋力拼杀，统帅也就能够获得令人瞩目的战绩。对士兵付出的只是一个小小的关怀，但却能由此得来赫赫战功以及升迁，这难道不是一本万利之举吗？有人总是在慨叹，自己身边缺乏像上面故事中吴起那样进行感情投资的机会，实际上并不是他们身边的机会太少，而是他们自己本身并没有这种感情投资的意识。

感情投资就像是你做生意时的资金投入一样，收到的效果将远远超出你的想象。以下是人际交往中进行感情投资的几个小技巧。

（1）常问候。诚挚的问候是最大的感情投资。不论是对朋友，还是老板或者下属，一声问候，都是加深你们彼此感情的纽带。对别人漠不关心是人性的缺陷，不会关心别人的人肯定没有凝聚力，对别人冷漠只能换来孤独和寂寞。缺乏人情味的人，最终难免落个孤家寡人的凄凉下场。

（2）探望。每个人都会有生病的时候，这时候的身体最脆弱，但内心最容易受感动。病人需要他人的安慰和关心，因此，探望病人能见奇效。更重要的是，这种关心他人的举动能营造一种互助友爱的氛围，使人把你铭记在心。

（3）生日祝福。请记住你每个亲朋好友的生日，在他们生日的那天，送上一束鲜花，或举办一次小型生日宴会，哪怕是一个电话祝愿，一个生日祝福短信，都能让他们感到高兴。这种感情投资产生的效果很好，甚至是金钱投资难以做到的。

（4）吐露一些小秘密。每个人都有好奇心，想知道一些别人不知道的事情。当你将自己知道的一些小秘密告诉对方时，可以取得其信任，进而能够增进你们之间的感情。

留份薄面，强于送份厚礼

俗话说："人要脸，树要皮。"面子，谁会不在乎？爱面子是中国传统文化的一部分，每个人几乎都会提到爱面子的问题。你给别人面子就是给他一份厚礼，如果你不懂得给人面子，就像当众脱光对方的衣服，对方在羞愧、懊恼的同时也不会给你面子，到时候你与对方进行的可能就不是心理博弈，而是一场武斗。

有的人一旦发现别人犯了错，就会毫无顾忌地大声指出，丝毫不给人留面子。《菜根谭》上说："人之短处，要曲为弥逢；如暴而扬之，是以短攻短。"意思是：别人有缺点或过失，要婉转地为他掩饰或规劝他，假如去揭发传扬，就是用自己的短处来攻击别人的短处，到时肯定对自己没有什么好处。你给别人留面子，别人才会给你面子。在这方面，一位得道高僧就做得十分到位。

一位高僧受邀参加朋友的素宴。席间，他忽然发现在满桌精致的素食中，有一盘菜里竟然出现一块猪肉，这时高僧的徒弟故意用筷子把这块肉翻到菜上面，打算让宴客的主人看到，高僧见状，立刻用筷子把肉掩盖起来。一会儿，徒弟又把猪肉翻了出来，这位高僧又马上把猪肉遮盖起来，并对徒弟耳语道："你若还敢把肉翻出来，我就把它吃掉！"徒弟听了此话，就再也不敢把肉翻出来。

在归途中，徒弟非常不解地问："师傅，刚才那个厨子明明知道我们不吃荤的，可是他为什么在素菜中加块猪肉呢？所以我想让主人知道，处罚处罚他。"

高僧对他说："每个人都会犯错误，无论是有心还是无心的。如果你当着那么多人面让主人看到了菜中的猪肉，主人确实会处罚厨师，但他自己也会因此失掉面子。这不是我愿意看到的，所以我宁愿把肉吃下去。"

在进行人际交往时，你需要留一点面子给得罪你的人。这既是一种大度的表现，也是维护人际关系的做法。就像那位高僧那样，既照顾了主人的面子，也给厨子改过自新的机会。于己于人，都是有利的。

俗话说，得饶人处且饶人。照顾对方的面子，给对方一个台阶下，对方自会非常感激你，你也会因此多一个朋友。相反，如果你抓住对方的把柄大肆张扬，会使对方感到无地自容。要知道，丢了面子意味着伤了自尊。这显然不是我们与人交往时所希望看到的结果，所以我们必须学会照顾好对方的面子，这对我们来说绝对是有益无害。如果你能像下文中的田秦那样做得滴水不漏，相信就不会在无意中伤害别人的面子。

古代有一位大侠名字叫田秦。

有一次，洛阳的唐桐因与他人结怨而心烦，多次央求地方上的一些有名望的人士出来调解，但是依然没有效果。后来唐桐找到田秦，请他来化解这段恩怨。

田秦接受了这个请求，他亲自上门拜访那位委托人的对手，做了大量的说服工作后，好不容易使这人同意了和解。按照常理，田秦此时已经完成了任务。可是田秦没有立即离开。

田秦对唐桐说："这个事情，听说过去有许多当地有名望的人调解过，但都不见效果。你很给我面子，让我来调解此事。我在感谢你的同时，也为自己担心，我毕竟是一个外乡人，在本地人出面不能解决问题的情况下，由我这个外地人来完成了和解，未免使本地那些有名望的人感到非常的丢面子。"田秦接着说："这件事这么办吧，我请你帮个忙。等我明天离开此地之后，你请本地几位绅士、侠客上门，告诉他们我也没有调解成功，然后再让他们帮你调解，把这个面子留给他们。"

每个人都爱面子，如果你给别人面子，就等于送他一份厚礼。有朝一日，当你求他帮忙，对方自然要还你这个人情。这个道理很简单，以你身边的领导为例，再开明的领导其内心也是不喜欢过于直白的建议和批评的，因为这直接伤害了他的面子。即便他有时接受了你的直言相劝，并获得了显著成果，且内心里承认你的能力，但他赞赏的却是你的建议本身，而不是你的进言方式。

给人留面子，从表面上看来好像比较消极。其实，它并不是要求你委曲求全，窝窝囊囊地做人，而是通过少惹是非、少生麻烦的方式，更好地展现自己的才华，发挥自己的特长。

雪中送炭，使人终生难忘

在别人需要帮助的时候，你伸出援手，使其脱离困境，谓之"雪中送炭", 可贵之处不言而喻。

人生之中, 每个人都不可能一帆风顺。试想一下: 当你饥肠辘辘时, 谁要是给你一碗饭, 当你在口渴难耐时, 谁要是给你一杯水, 你的心理活动是怎样的? 在人与人的交往中, 适时的雪中送炭可以帮助他人走出困境, 并使对方对你心存感激。

三国时的名将周瑜曾在军阀袁术麾下做一个小县的县令。有一年, 发生了饥荒, 加上兵荒马乱, 缺少粮食成了非常严峻的问题。树皮、草根都被饥饿的人们用来充饥, 很多老百姓都活活饿死了, 军队也饿得失去了战斗力。周瑜作为父母官, 看到这悲惨情形急得束手无策, 不知如何是好。

有个部下献计说附近有个乐善好施的大财主鲁肃, 他家素来富裕, 想必囤积了不少粮食, 不如去向他借。

周瑜立刻带上人马登门拜访鲁肃, 刚刚寒暄完, 周瑜就开门见山地说: "不瞒老兄, 小弟此次造访, 是想借点粮食。"

鲁肃并没有因为周瑜只不过是个小小的县令而拒绝, 而是爽快地大笑说: "此乃区区小事, 我答应就是。"他亲自带周瑜去查看粮仓, 这时鲁家存有两仓粮食, 鲁肃豪爽地把其中一仓送给了周瑜。

周瑜及其手下看见鲁肃如此深明大义, 不禁非常佩服, 要知道, 在饥荒之年, 粮食就是生命啊! 周瑜被鲁肃的言行深深感动了, 俩人当下就交上了朋友。

后来周瑜在东吴当上了将军, 他始终记得鲁肃的明理大义, 并把他推荐给孙权。鲁肃从此有了施展才华的机会, 后来成为了东吴不可缺少的栋梁。

对身处困境中的人仅仅有同情之心是不够的，应给以具体的帮助，使其渡过难关，这种雪中送炭，分忧解难的行为最易引起对方的感激之情，进而形成友情。

对于一个身陷困境的人来说，一顿饭的帮助比在他富足的时候一桌奢华的酒宴更重要、更有意义。关键时刻给他一碗饭的人，无疑是拉了他一把。等他富足了，他绝对不会忘记关键时刻拉他一把的人。因此，作为心理博弈的高手，你一定要懂得在"大雪"之时及时送出你的"炭"。

中国现代著名作家钱钟书先生一生过得非常平和、殷实，但他困居上海孤岛写《围城》的时候，境况却十分窘迫。恰巧在这个时候，黄佐临导演上演了杨绛的四幕喜剧《称心如意》和五幕喜剧《弄假成真》，并及时支付了酬金，才使钱钟书先生渡过了难关。多年之后，黄佐临导演的女儿得到钱钟书先生允许，开拍电视连续剧《围城》，是因为她把父亲的一封亲笔信交给了钱老先生。多年前黄佐临的帮助，钱钟书是久久不能忘怀的。

钱老先生当年处于困窘的生活之中时，得到了黄佐临导演的帮助，这使得钱老先生之后帮了黄佐临导演的女儿是非常自然的事情。

在别人困难的时候伸出援手，不仅是积善助人，更是一种高明的心理博弈策略。雪中送炭比锦上添花更让人感动，关键时刻往往是考验人的时候，也是考验他的人际关系的时候。谁在这个时候伸出援手,当事者永远不会忘记此人。这是建立牢固人际关系的最佳时机。

有一部很受欢迎的喜剧片叫《杨光的快乐生活》,很多看过的观众无不哈哈大笑,其中的一个人物"条子"就是典型的不重视朋友的人,他在朋友需要帮助的时候,就悄悄地走开,而一旦朋友有什么好事可以分享,他立刻就出现了。

艺术源于生活,现实生活中,像"条子"这样自私的人也很常见。朋友有时就是一种互助关系,如果你不肯在朋友需要帮助的时候伸出援手,那么你终究也会陷入孤立无援的境地。拉人一把,很多时候是举手之劳。但是千万不要吝惜举手之劳,否则你将错失机会。

约翰是一家大型超市的营业员,一天突然下起大雨,一位老人慌忙进入了约翰所在的超市。这时约翰热情地向老人打招呼,并问老人是否需要帮助,老人说因为没有伞,所以想先避雨。约翰特意为该老人搬来一把椅子,让老人坐着。

几天之后,该超市收到了一封信函。信中除了对约翰表示感谢外,还准备将约翰调入某跨国公司做经理。原来几天前在超市避雨的老人是一个大商人的母亲,这位商人拥有一家大型的跨国公司。就这样,约翰神奇地脱离了平凡的生活,开始了新的职业生涯。

这个故事告诉我们:雪中送炭,在他人需要的时候帮人一把,会为自己带来意想不到的收获。也许你的付出只是"给人搬把椅子"的举手之劳,也许你的付出只是关切的话语,对方却会在心里牢牢记住你给的"好处"，在适当的时候报答于你。想要成为心理博弈中的高手，如此手段自然是你不可错过的一课。

偶尔吃亏，换来经常受益

古人说："吃亏是福。"其实看似吃亏的人未必会真的吃亏，而一些从不肯吃亏的人很多时候常常却会因小而失大。所以，在与人交往的过程中，不要怕吃亏，偶尔吃一些小亏虽然可能在暂时的利益上会有所损失，但最终为你赢得的收获会更多。

有句话说得好："有人就有江湖，有江湖就有仇怨。"人是群居性动物，在人际交往中，想要绝对的平等是不可能的，在不同的场合、不同的事件中，与不同的人交往，总要有人吃亏，有人受益。但吃亏和受益是相对的，同时也是没有严格衡量标准的，有些事情你自己可能认为是受益了，而别人却有可能认为你吃亏了；而有些事情你认为自己吃亏了，但别人却有可能认为你是受益者。"塞翁失马，焉知非福"，事物总是向前变化发展的，有些事情当时是受益了，最终导致的结果仍有可能是吃亏；有些事情当时可能是吃亏了，最后却有可能会出现一个受益的结果。

历史上有个非常著名的"六尺巷"的故事。

清代中期，当朝宰相张英与一位姓叶的侍郎都是安徽桐城人。两家毗邻而居，都要起房造屋，为争地皮，发生了争执。夫人便修书到京城，要张英出面干预。这位宰相到底见识不凡，看罢来信，立即作诗劝导夫人："千里家书只为墙，让他三尺又何妨？万里长城今犹在，不见当年秦始皇。"夫人见书明理，立即把墙主动退后三尺。

叶家见贵为当朝宰相的张英主动"退避三尺"，深感惭愧，也马上把墙让后三尺。这样，张叶两家的院墙之间，就形成了六尺宽的巷道，成了有名的"六尺巷"。

没有人愿意同一个斤斤计较、爱占小便宜的人打交道。试想一下，如果你凡事都抱着不吃亏的态度，那么还会有哪个人愿意与你交往？实际上，"不吃亏"其实是一种目光短浅的行为。一个在人际交往中游刃有余的高手，能够做到偶尔主动吃一点亏，让别人得一点利，从长远来看，他们所得到的远远比失去的多。

雷建负责公司的夏季服装品牌推广会，他加班加点将策划完成了。老板临时决定让他将推广会交给另一个同事做，理由是那个同事有良好的客户关系，而且经验丰富，能更有把握把这次推广会做好。雷建二话没说，就爽快地答应了，还找到那位同事说有什么需要帮忙的，自己一定尽力。别人都说他傻，自己好不容易弄好了策划，结果却被别人抢了风头，他则笑而不语。

后来，这个项目成功了，在庆功会上，老板没有忘记雷建的功劳，而且对他的大度表现赞赏有加。不久，雷建就得到了晋升。

如果雷建不将自己的策划拱手相让，他也有可能揽到这个项目。但是却会给老板留下斤斤计较、小肚鸡肠的印象，即便是做成功了，也不一定会获得晋升。人，其实是一个很有趣的平衡系统。当你的付出超过回报时，你一定会取得某种心理优势；反之，当你的获得超过了你付出的劳动，甚至不劳而获时，便会陷入某种心理劣势。很多人拾金不昧，绝不是因为跟钱有仇，而是因为不愿意被一时的贪欲搞坏了长久的心情。一言以蔽之：人没有无缘无故的得到，也没有无缘无故的失去。有时，你是用物质上的不合算换取精神上的超额快乐。也有时，看似占了金钱便宜，却同时在不知不觉中透支了精神的快乐。所以先哲强调：吃亏是福，就是这样一个道理。

另外，吃亏获得更大收益还表现在生意场上。如果你能够不计较个人得失，而多为客户的利益着想，那么你将能够赢得对方的信任，同时还有好的口碑，生意当然会越做越大。

刘先生是陕西一家机电设备公司的经理。一次，一个老客户来买电器配件，他找遍了公司的库房，就是没有这个配件。这位客户非常着急，因为没有这个配件，他所在的企业就要面临停工，而如果停工，将损失惨重。

看到这位老客户如此着急，刘经理不停地安慰客户，并承诺24小时之内帮他把货全部送到。这位老客户刚走，刘经理便亲自出马打的直奔西安供货方。谁知，西安也没货了。没办法，他只好连夜乘飞机到广东，在那里连续联系了十几个相关厂家之后，终于找到了这个电器配件。

拿到电器配件之后，他不顾饥饿与疲劳，马不停蹄地回到了陕西，把配件交到了客户手里。这次生意对于刘经理来说，不仅没赚钱，还赔了不少。本来几十元的利润，却花去了他3000多元的交通费。但是他也因为这次小小的损失，而获得了更多。第二天，客户所在的企业就专程送来大匾，还带上当地媒体来采访刘经理，宣传他为顾客着想的事迹。就这样，刘经理的美誉度大为提升，生意自然越来越红火了。

平心静气地对待吃亏，既是大气的表现，也是能赢得他人信任和支持的一种心理博弈策略。在人际交往中，只有不怕吃亏才能让自己人脉广博，才能交到更多真心帮你的朋友。

善解人意，使你无往不利

在与人交往的时候，大家都有一种认识倾向，即对于那种善解人意的人更乐于去亲近，大家在潜意识里会把他们当做自己人。

善解人意的人，总是设身处地为别人着想，不让别人紧张、拘束，更不会让别人尴尬难堪。据说，莎士比亚就非常善解人意。在和人交往的过程中，莎士比亚能根据交往对象的不同特点，随着时间、地点的变化，选择最恰当的应对方法，达到自己的目的。文学批评家威廉·哈兹里特指出："莎士比亚完全不具有自我，他除了不是莎士比亚之外，可以是其他任何人，或是任何别人希望他成为的人。"

在人际交往中，善解人意的人都是讨人喜欢的。别人话未出口，他们就已经明白了对方的心思，并迎合对方心理做出了相应的行为。他们想对方之所想，急对方之所急，如此善解人意之人实乃深谙心理博弈的高手。在美国有位名叫芒西的大师，他非常精于人际交往。他在与人交往时，给人留下印象最深的就是他的善解人意。

芒西是人际交往的大师。在他去世后，他的挚友雷奇曾说过这样一件事："大约25年前，我右耳便失聪了。从此，每当我们共处时，芒西总站在我那只完好的耳朵的那边，无论是在他的房里、写字间，还是在汽车里、大街上、用餐时……无论何时，他总站在我的左边，这让我感觉，我并不是一个残疾人。而且，他这样做的时候是那样的自然而随意，没有人能注意到他是有意的，这太让人惊讶了……他真是一个处处为朋友着想的好人。"

毫无疑问，芒西因为自己的善解人意，使自己给别人留下了非常深刻的印象。这种善解人意的表现方式就是敏锐、殷勤或是体贴，总而言之就是替对方着想，甚至连对方想不到的地方也能想到。

善解人意，在某种程度上说就是换位思考，站在对方的角度设身处地为其着想，这才是与人进行心理博弈时占得先机的最高明方法。假如你想让老板为你加薪，与其告诉他你多辛苦、做了多少事，或是生活的困境，还不如多去了解一下，老板真正关心的是什么，先想些点子来改善工作效率，提升业绩，如此，就算你不说，老板也会主动为你加薪。再如，你打算创业，想得最多的一定是自己生产什么或提供什么，这也是一般人常犯的错误，但事实上，你更应该思考的是消费者需要什么、喜欢什么。没有消费者喜欢你的产品或服务，你的成功一定是渺茫的。

善解人意是人对人的一种心理体验过程，将心比心、设身处地地站在对方的立场上体验和思考问题，从而与对方在情感上得到沟通，为增进理解奠定基础。

　　一个人在与他人进行交往的过程中如果屡屡受挫，处处受阻，其中有一个重要的原因就是他往往只从自己个人的角度思考问题。任何强制别人的行为，都不会被别人所接受。子曰："己所不欲，勿施于人。"

迂回前进，才能应对曲折

　　一位哲学家曾经说过："懂得绕弯子的人，常常会更快地达到目的。"说话绕绕弯子，就犹如在良药外面包了一层糖衣。糖衣不会降低良药的威力，绕弯子也不会减弱你的语言魅力。旁敲侧击，绕绕弯子，让别人不知不觉地认同你的观点，这也正是心理博弈的最高境界之一！

　　生活中，有些人说话过于直接，往往会伤人感情和自尊。精明的人说话时，绝对不会直来直去，而是巧妙迂回，也就是善于拐着弯说话。不论是给人提建议，还是恭维别人，都不妨直言曲说、忠言婉说，这样可能效果会更好一些。

　　说话时避开对方的忌讳，从对方比较感兴趣的话题入手；不过早地暴露自己的意图，一步步迂回接近目标点。这样的心理博弈策略会有更加显著的效果。

　　春秋后期，齐相晏子可谓是一个交际大师。一天，齐景公的爱马突然暴死，齐景公勃然大怒，不由分说就要把养马人用刀肢解。这时晏子在齐景公身旁，他见侍卫持刀进来，便不动声色地问齐景公："当年，尧舜肢解人的时候，是从谁的身躯开始的？"

齐景公回答道："从自身开始的。"刚答完，齐景公就听出了言外之意，是委婉地批评他，于是下令不杀那个养马人，改口道："那么就罚他下狱吧！"晏子说："这个处罚挺好，但请允许我代大王数数养马者所犯下的罪状，才能让他感到心服口服。"齐景公说："那我就先听一听。"

于是，晏子历数养马人"罪状"道："国君让你养马而你把马养死了，这是第一条罪；而且你养死的是国君最喜爱的马，这是第二条罪；你让国君因为这样的小事而杀一个人，如果百姓知道，一定会埋怨国君残暴，而且邻国听了，也一定会耻笑国君，轻视齐国，这是第三条罪。"齐景公听完立即说："把养马人放了吧，不要因为这一件小事阻碍了我的仁政。"

古代君主掌握着生杀大权，如果不小心触犯了他们，那么后果不堪设想。那个时候不妨先认同君主的意见，然后采用迂回的战术，方能在解救他人的同时保全自己。同样是在春秋时，少孺子为了阻止吴王攻打楚国就采用了这样的心理战术。

春秋时，吴王想要出兵攻打楚国，但部分大臣却认为时机不成熟。吴王为了阻止反对意见，便下命令说："如果谁敢来劝阻我攻打楚国，那么我就处死谁，绝不赦免！"

一个名叫少孺子的人听说此事，他很想劝谏吴王，可是又怕触怒吴王，把小命丢了。后来，他想出了这样一个办法。

一天早上，他拿着一只弹弓，带了许多弹丸，在王宫后园的树林里转来转去，似乎在寻找一个目标。直到露水把他的衣服全部都沾湿了，他才回去。

第二天清晨，他又是这样做的。

到了第三天的清晨，他这个奇怪的举动终于被吴王发现了。吴王见他全身都湿透了，却还在那里转来转去，便大声喊他说："你过来！为什么把衣服弄得这样湿呢？"

少孺子回答说："我正在打鸟啊，大王！"

吴王问他："现在打到了吗？让我看看。"

少孺子说："鸟虽然没打着，但我却发现一件很有意思的事情。"

吴王一下子来了兴趣，忙问他："是什么事情呢？说来我听听。"

少孺子说："我刚才看到一棵树上有只蝉，高高地栖居在树枝上，它一边喝着露水，一边发出悦耳动听的蝉鸣。但这只蝉却不知道，一只螳螂正在它身后。那螳螂弓着身子，曲着前腿，一心想去捕捉那只蝉。但这只螳螂却不知道，一只黄雀正在它的身后。那只黄雀伸长自己的脖子，一心想去啄食那只螳螂。但这只黄雀却不知道，我的弹弓正对准了它，正要把它射死呢！"

吴王听到这里不禁哈哈大笑："有意思，有意思！哈哈，真是一个想要吃掉一个啊！"

少孺子却接下去说："蝉、螳螂和黄雀都是一心想要得到眼前那些利益，却没有顾及它们身后的祸患啊！"

听少孺子这样一说，吴王猛地一下醒悟过来：原来，他是在劝谏自己不要贸然出兵攻楚，以避免被其他国家乘虚而入啊！想到这里，吴王对少孺子说："好啊！你说得很对。"于是便不再兴兵伐楚了。

在与人交往的过程之中，为了使自己少碰钉子或避免碰钉子，同时能够更加有效地达到自己的目的，有的时候就需要采用这样迂回的策略，试着多绕几个弯子。绕弯子并不等于是放弃，而是为了顺利地接近自己的目标，更好地达到目的。话里藏话、旁敲侧击是聪明人的"游戏"，笨人玩不了。这里所谓的绕弯子其实是一种迂回策略，并且更重隐含之术，较之迂回更主动、更微妙。

小心防备，形形色色的伪君子

在生活中，我们很可能会遇到形形色色的伪君子。对这类人，一定要小心防备，掌握相应的策略与技巧，避免为其所害。

善良的、正直的人，总是以光明磊落、洁身自好为做人之本。他们也知道，生活中有污秽、有丑行、有罪恶，也有伪君子。但在没遇上的时候，他们总是认为，只要行得正，便不怕影子歪。"走自己的路，让别人说去吧！"很豪迈，也很无畏。殊不知，"明枪易躲，暗箭难防"。古今中外，有许多英雄豪杰、天才人物的辉煌事业、灿烂前景就毁在伪君子手里。所以，人们厌恶伪君子，痛恨伪君子，又惧怕伪君子，一般情况下更不去招惹伪君子。

但是伪君子不是仇家，因为他并不是与你在信仰上对立或者个性上有冲突。他与你作对，那理由很可能听起来都令人发笑，比如说：在某一次酒宴上敬酒没有敬他。在热闹的酒席上，你只不过少碰了一鼻子，便给自己招来祸端，碰到这样的伪君子，怎不令人恼火。

如果你不幸遇上了伪君子，你也不必过于烦恼，而是要保持理智和自信，泰然处之。面对形形色色的伪君子，你要有所准备，用最恰当的方法去应对。

1. 面对"探人隐私"的伪君子，要答非所问

爱打探隐私的伪君子一般都有很强的猎奇心，这种人伶牙俐齿，巧舌如簧。每次和你见面，都要问"收入多少""夫妻感情如何"等让人厌恶的问题。明知是他人隐私，偏偏还要询问既是不尊重你的表现，也可能会在日后传播你的是非。

与这类人交谈，最好的方法莫过于答非所问。如果他问你"谁是你晋级的后台"，你就说"全托你的福"。如果他问你"奖金多少"，你就说"不比别人多"。这样既不会得罪对方，又不会让对方得逞。

2. 面对"道人是非"的伪君子，要哼哈而过

此类人出于嫉妒心或其他目的，喜欢在你面前说他人的坏话。他们乐于道人是非，心里往往巴不得他人越来越倒霉，越来越困窘。

对这种人不要推心置腹，而应该哼哈而过。对他说的任何是非话题都反应冷淡，不要发表意见。与其言语交流，哼哼哈哈，不失为一种好办法。

3. 面对"灭人志气"的伪君子，要攻其痛处

这些人话语尖锐辛辣，他的话好像是一盆冷水，不顾你是否接受，都往你头上泼，非要打击你的自信。这种人通常是个失败者，又是个把你瞧得一无是处、绝不如他的人。他自己做不到的，也要使他人没有信心去做。

与这种人交谈，一味顺承，会使他变本加厉。合适的方法，是要抓住机会，攻其痛处，例如他曾经的愚蠢、无能、可笑之处，使他心中产生不快，从而管住他的嘴。

4. 面对"满口假话"的伪君子，要纠正其一

这类人说谎就像演戏，轻松自然，丝毫不会感到内疚。他们撒谎，没有很明确的目的。他之所以满口假话，是为了掩饰自己、标榜自己、美化自己，可能是觉得你的辨别能力很差，从而摇唇鼓舌，满嘴假话。与这类人交流，对你是有害的。

与他们交流，应该懂得"攻其一点，不及其余"的战略战术，抓住假话中的一点，提出反对意见。让他觉得羞愧，打击他的气焰。这种做法，既不会伤其自尊心，又会让他对自己的撒谎毛病有所改正。

勇敢反击，面对他人的陷害

不管在什么情况下，小人的注意力总会拐弯抹角地转向利益。他们表面上是历尽艰险为当权者着想，实际上只想着当权者手上的权力，他们对权力本身并不迷醉，只迷醉权力背后自己有可能得到的利益。

不论是在生活中，还是在工作中，为了事业和金钱利益，很多人明争暗斗，甚至拿出阴狠的招法陷害竞争对手，面对这种人，我们时常会感到无所适从。沉默是对自己的最大不公，爆发又找不到坑害你的对象，所以很多人面对他人的陷害时，显得非常矛盾和苦闷。因此面对这种陷害，即使你不知道对手是谁，你也不能保持沉默，让自己背负耻辱。下面是同一个公司的两个员工，因为她们面

对陷害时所采取的办法不同，所以他们最后的结局也大相径庭。

　　公司近期准备裁员，一时间办公室里出现了人人自危的状况。一天，小薇吃完午饭回到办公桌前，发现不知道是谁在自己的电脑上打开了个黄色网页，小薇毫不在意地随手就将之关闭了。但令她万万没有想到的是，第二天上班的时候，整个公司竟然传开了她在上班时看黄色网页的谣言。面对这种情况，一向内向沉默的小薇不知如何是好，最后忍痛辞职，还让自己背负侮辱。

　　与小薇相比，同在一个办公室的姗姗却勇敢许多。一天早上，主管将姗姗叫到办公室之后，口气非常严厉地说，他丢了一份非常重要的文件，最后这份文件一半在垃圾桶里面，而另一半出现在姗姗的抽屉里。

　　这时候，姗姗愤怒了，她说："首先，我根本没有偷看的时间和动机，这分明是有人想陷害我；第二，你有什么权力来翻我的抽屉？"这番强有力的回击让主管顿时面红耳赤。最后，姗姗不仅没有被炒掉，反而让陷害她的人畏惧三分。

　　从这个事例可以看出，小薇过于柔弱，所以当别人陷害她的时候，她只能用忍辱和逃避来面对；而姗姗则不同，她摆出自卫的架势，以此警告暗中使诈的人，使得之后再也没有人敢陷害她。这就是面对小人陷害，不同的处理方式产生的不一样的效果。

　　身在职场，陷害同事是小人的行为。当我们遇到这样的小人时，不要一直忍辱沉默，而应该找准时机据理力争，就像一只刺猬，不会主动伤人，但遇到危险的时候，就应该适时展开尖锐的刺，有时候这是一种有效的自我保护的方式，让那些故意陷害你的人不敢轻易伤害你！

面对小人的陷害，处理方式很重要。有的人遇到陷害时，喜欢大发雷霆，但是效果并不理想，有时会伤及无辜，给自己树立更多敌人。这时候，我们不妨运用一些智慧的妙招来化解陷害。

文霞和田丽是很好的朋友，两人同时进入一家公司。在工作中，两人相互帮助，充分体现了友谊与协作。

一次，文霞将一个很满意的策划交给部门经理。谁知第二天经理找到文霞说："文霞，我一直很看重你的才华和敬业精神，即使你没有好的策划方案也不要紧，但是你也没有必要抄袭其他同事的创意。"部门经理递给文霞一份策划书，文霞一看，发现那份与自己的策划一模一样，而策划人竟然是田丽。

面对部门经理的不满和自己好朋友的"策划"，文霞顿时无言以对，因为文霞没有任何证据证明自己的清白。

机会终于来了，公司又为一项工作征集大家的策划。文霞从自己的策划里筛出了两个方案，做出 A、B 两份策划书，表面上田丽还是经常主动来帮文霞做 A 策划书，但暗地里文霞已把 B 策划书做好并交给了经理，并请经理配合先不要说出去。果然，几天后田丽交上了一份和 A 策划书非常相似的策划。当部门经理明白真相后，非常生气，最后让田丽另谋高就。

当你遇到他人的陷害时，你是否能向文霞那样机智呢？在保证自己受伤最小的情况下，找到足以说明问题的证据，才能澄清陷害背后的真相。当文霞面对自己的策划被田丽抄袭,反而被经理认为是自己抄袭了对方的策划时,在没有证据的情况下,如果文霞发火强辩,只会得罪经理。先强忍误解,再试图为自己洗冤,这才是最明智的做法。

阿谀奉承,好话背后有阴谋

一个人只要有权或有财,他身边必定会有逢迎拍马之人,正所谓"贫在闹市无人问,富在深山有远亲"。这些人喜欢在有钱有权者面前说好话,目的就是为了借力谋取升官发财的机会。所以,当你拥有财富或权力的时候,对待别人的好话一定要认真识别。

喜欢听好话是人的天性,但听好话的时候,需要认真识别好话背后的阴谋。只有这样,才不会轻易被小人利用。如若不然,你可能就会像下面故事中的小伟一样,被人利用之后还对那些对其使坏的小人感恩戴德。

小伟是刚来公司的新人,说是新人只是因为他来公司的时间不长,但是他的经验足以熟练完成许多工作,甚至他的能力远远高于部门郭经理和其他同事。不过小伟为人谦虚,不喜欢招摇,这让其他同事都非常喜欢他。

每周公司都要开新产品研讨会,而当总经理问小伟意见的时候,他会旁征博引,从不同方面分析整个产品的优缺点。这种工作上的强势,总是让他成为会议焦点。

部门郭经理对小伟非常照顾,并经常在部门里表扬小伟,小伟感到非常高兴，于是他工作更加热情。然而，部门郭经理却对小伟说："你啊，是非常不错的员工，工作那么出色，但你小心引来别人的嫉妒啊！"

郭经理告诉小伟，公司副总嫉妒心很重，他对小伟说："知道你这个位置当初为什么空缺吗？就是因为那个人的才能盖过副总，结果副总天天排挤他，找他麻烦，人家待不下去了才走人的。"

"我明白了……"小伟低着头，"谢谢郭经理告诉我这个事情，我知道怎么做了。"

从此，小伟在公司再也没有展露过自己的才华，而郭经理则安安稳稳地领导着整个部门的工作。

表面上郭经理对小伟很好，而且经常表扬他，但其目的并非真正表扬小伟的工作突出，而是暗示小伟对自己言听计从，小伟在郭经理的好话的激励下，工作更加努力，这恰恰是郭经理不想看到的。所以，最后郭经理只好通过看似语重心长的谈话来告诫小伟，不要过分表现自己的能力，其目的是为了保全自己的部门经理职位。

可见，一个人的好话与他的本意经常会不一致。所以，当别人在你面前说你好话的时候，你需要识别其好话的言外之意。

如果一个人在你面前说你很棒，很钦佩你的能力，而他平时根本不真心向你学习，甚至对你提出的好建议根本不采纳，这就证明他对你说的好话只是虚伪的奉承，并非出自真心。

如果一个历来自私的人无缘无故地对你大献殷勤，他一定会对你有所企图。在他们阿谀谄媚之余，必然会露出狐狸尾巴，对你有某种要求。此时，你一定要见机行动，获知他奉承你的目的，还要分析他的目的是否会对你的事业造成损害。如果其真的是损人利己之人，最好的办法就是避而远之。

做好准备，不要被卸磨杀驴

不要被卸磨杀驴，言外之意就是不要被人当做用完就可以抛弃的工具。

生活中，总会有人被人利用完之后就一脚踹开，我们在形容这种遭遇时就会用到一个词"卸磨杀驴"。因此，你需要做好准备，不被别人卸磨杀驴。从下面这则寓言故事中就能充分地说明这个道理。

在一个小池塘的边上住着一只蝎子和一只小青蛙。蝎子想去池塘的另一边，但是蝎子不会游泳。于是就央求小青蛙带自己过到池塘的那一边。蝎子对小青蛙说："劳驾，你可以把我带到池塘的另一边吗？"

小青蛙回答说："我当然能把你带到池塘的另一边，但是，目前的情况不允许我这样做，因为你可能在我游泳的时候，用毒刺扎我，那我不是死定了。"

蝎子说："不会的，因为我在你身上，如果你死了，我也就会被淹死的，我怎么能刺呢？你就放心地带我过池塘吧。"

小青蛙听了觉得很有道理，蝎子虽然狠毒，但是它的性命却在自己的身上，它至少要顾及一下自己的性命。于是小青蛙也没有过多考虑，就答应蝎子背它过池塘。蝎子伏在小青蛙的身上，开始横渡这个池塘，走到一半的时候，蝎子伸出了它的毒刺，刺了小青蛙一下，受伤很严重的青蛙大声责问蝎子："你怎么能刺我呢，你也不想活了吗？这样对你有什么好处？"

蝎子一面下沉一面说："我也不想刺你，但是我是蝎子，我必须要刺你，这是我的天性。"

不要天真地认为，别人跟你说了几句贴心的话，就认为对方与你是一条心。大多时候，当你在别人良言美语糖衣炮弹的进攻下，很容易成为任别人摆布的棋子，别人利用你，来达到他们自己的目的，用完之后自然会"过河拆桥"，所谓的贴心话当然也不复存在，你只是人家用过就丢的棋子而已。

小潘是公司里勤勤恳恳的员工，从来不为任何事情抱怨。一天，老刘私下找到小潘，有点不好意思地说："小潘，我想跟你借点钱，三个月之内一定还给你。你看行吗？"

小潘很少拒绝别人的请求，看到老刘一脸殷切的样子，就答应了他。

两个月之后，老刘不但把钱还给了小潘，而且附带了两个月的利息。老刘满怀感激地说："关键时刻，你借给我的钱帮了我大忙，数目虽然不多，但对我意义特别大，这利息是你应得的，就别跟我客气啦。"

小潘听他这么说，觉得也有道理，就没有推诿，接受了利息，而且还觉得老刘是个言而有信的人。

从此，老刘隔三差五地就向小潘借钱，每次数目都不大，而且都能在规定日期之前归还，并总是附带利息。正是由于这个原因，两人经常在一起聊天，俨然成了好朋友。

突然有一天，老刘急匆匆地来找小潘："我的钱被套住了，现在需要一笔钱来周转，这次你一定要帮我啊，不然就完了。"

小潘毫不犹豫地说："没问题，要多少？"

老刘说："这次数目大了些……但三个月一定还你。"

小潘犹豫片刻后，还是相信了老刘，最后把钱借给了他。

但是两个半月之后，老刘就突然辞职离开了公司，任凭小潘如何给他打电话，都没有回应。

实际上，最后一次老刘向小潘借钱根本就没有还钱的意思，而是想借机从小潘那里捞一笔，然后溜之大吉。之前跟小潘借钱，每次数目都不大，而且都能做到提前归还，还给足了利息，这都是他故意设下的陷阱。这样就能给小潘一个诚实守信的印象，最后好大捞一笔。

在这里，小潘完全成了老刘玩弄于股掌之间的棋子，之前的许诺和真心话，包括一些事情的安排都是老刘精心设计的。当老刘达到目的后，就过河拆桥，抛弃了小潘。小潘的遭遇是悲惨的，这完全是因为他没有识破老刘对他的阴谋。我们应该以此为鉴，遇事多动动脑子，才能避免成为被人用过就丢的棋子。

多加防范，恩将仇报的小人

这个世界上，多数人都能做到知恩图报，但仍有少数人忘恩负义。这种人，即使别人对他恩重如山，一旦有利可图，他就会与恩人拼死相争。对于这种恩将仇报的小人，需要用慧眼识别。

生活中，有一些人在得到别人的帮助后，想的不是如何报恩，而是想方设法超越恩人的地位。春秋时期的伯嚭就是这样一位恩将仇报的小人。

春秋时期，楚国伯嚭一家在佞臣费无忌的谗言下遭遇灭族之灾，只身一人颠沛流离逃到吴国。伯嚭投奔吴国，是因为吴国与楚国是敌对国，还因为伍子胥同伯嚭一样与费无忌有不共戴天之仇。

伯嚭一见伍子胥就放声大哭，先哭诉自己的惨痛经历，继而大骂费无忌残杀忠良，最后请求伍子胥看在同国同乡同遭遇的分上，向吴王举荐一下自己，给自己一个安身立命之地。

伍子胥是个忠厚老实的人，出于对楚平王和费无忌的憎恨，也由于相同遭遇而产生的怜悯，于是决定帮忙引荐。但他的好友在背地里劝阻他说："你可不要轻信这个伯嚭呀。据我所知，他是一个忘恩负义之人，品性贪婪奸诈，切不可同他亲近。今日重用他，以后必为其所害。"伍子胥并没有听从好友的建议，而是向吴王引荐了伯嚭。

在伍子胥的真诚举荐下，吴王阖闾就收伯嚭在朝中，封为大夫，命他与伍子胥共同辅佐朝政。伍子胥做梦也没有想到，三十年后，自己会冤死在伯嚭手上。

身在异国的伯嚭，脚跟未稳，羽翼未丰，所以他对伍子胥毕恭毕敬，也非常依赖伍子胥，两人同舟共济，互相配合。

公元前506年，在吴国与楚国的战争中，由于伯嚭不听劝谏，结果损失惨重，孙武对伯嚭的恃勇无谋深为恼火。他对伍子胥说："伯嚭为人矜功自任，久后必为吴国之患，不如乘此兵败，以军令斩之。"

伍子胥还是为伯嚭求情说："伯嚭虽有丧师之罪，但有前功，况大敌当前，不可因小过而斩一员大将。"在伍子胥的力保之下，伯嚭才免受一死。

几年后，吴国逐渐强大起来。伯嚭在吴国站稳了脚跟，羽翼渐丰，成了吴国独当一面的人物。他虽然表面上对伍子胥还是恭敬，但完全不像以前那样，俨然同伍子胥有了分庭抗礼之势。伯嚭也暗暗生了取伍子胥而代之，独揽吴国朝政的野心。

楚亡之后，伯嚭的欲望逐渐暴露，继而与伍子胥的冲突和矛盾不可避免。刚正不阿、以国为重的伍子胥在伯嚭的谗言下，最终冤死。

伯嚭是一个典型的忘恩负义之徒，伍子胥原本是他的恩人，不知帮过他多少次，但伯嚭却丝毫没有感恩之心，为了功利和升迁，他竟然心狠手辣地加害伍子胥。

实际上，没有人会直接因为"受恩"，而对"施恩"的人报之以仇恨。不管你这个人如何不忠、无情，也不至于因为别人的恩惠而产生仇恨。恩将仇报的小人，之所以能够如此绝情是因为他对受到别人的恩情没有很深的感动，仿佛是他应得的。所以，他对任何人都没有感激之心。这样的人总是过分看重自己的利益，当别人妨碍了他的利益时，他可以不顾别人的利益，哪怕自己曾经在这个人身上得到过好处。恩将仇报的人都是以自我为中心，自私自利的人。

第七章

恋爱婚姻的心理博弈

爱情与婚姻需要真情，也需要经营。对此，网络上曾流传过这样一段话：要了解，也要开解；要道歉，也要道谢；要认错，也要改错；要体贴，也要体谅；要接受，也要忍受；是宽容，而不是纵容；是支持，而不是支配；是慰问，而不是质问；是倾诉，而不是控诉；是难忘，而不是遗忘；是彼此交流，而不是凡事交代；是为对方默默祈求，而不是向对方诸多要求。这段话虽然看似罗嗦，但蕴藏着无穷的哲理。

热情之后，需要理智对待

俗话说：情人眼里出西施。为什么情人眼里会出西施？仔细分析一下就会发现原因其实很简单，身处热恋中的男女被爱情冲昏了头脑，甚至有些情侣在互相并不了解的情况下，仅凭第一印象就与对方坠入爱河。没有理智做基础的爱情，在热情逐渐冷却之后就会发现，原来彼此还存在很多的差异。

如今的社会生活节奏飞快，闪婚闪离的现象也层出不穷。而仔细剖析这种现象的成因就会发现，之所以会出现这种现象是因为当我们真正与自己心仪的对象在一起，却发现他们并没有想象中的完美时，心里就产生偏差，继而就会同对象产生矛盾，最后导致分手。

一个青年与一个女孩相亲，两人可以说是一见钟情，他们互相都感觉对方就是自己寻觅好久的另一半。结果在相识三天后就举办了订婚仪式。

订婚后的第二天，女孩便随着青年去了他打工的城市，开始同居生活，一个月后，女孩就怀孕了，又过了一个月，他们举行了婚礼。

但是，两个月后，他们离婚了。因为，婚后生活与浪漫之恋大相径庭。酸甜苦辣四味俱全，恋爱时两人的生活打理基本上都是父母的事，而婚后生活中的大小事都需亲自打理，这让他们的矛盾自然多起来。

女孩一直没有固定的工作,结婚后更是不想工作,干什么活都怕累、怕烦,起初,恋爱时的激情能够弥合这些小争执,慢慢就不行了。结婚以后,女孩并没有急着出去找工作,而是待在家里,不是打游戏就是找朋友出去玩。他们俩从来不自己做饭,结婚前,都是父母包办,结婚后他俩天天买外卖吃。青年下班的路上又累又困,一想到辛苦赚钱是为了她,而她从来就没让他吃上热汤热饭,天天吃外卖,心里就堵得慌。

就这样,青年拿着离婚证书回到了父母家中,那个怀的孩子,只能打掉。

我们要知道,对待爱情的态度,除了要在开始恋爱之时加深彼此之间的互相了解,更要在确定恋爱关系之后不断地发现对方身上的闪光点。如果你发现你一直深爱的对方,其实根本不适合你,相信无论是对你还是对他(她)都会有很大的失落感。

一次,大刘和老马两个好兄弟碰在了一起,于是大刘寒暄道:"哥们儿,我真是好羡慕你的福气啊,听说你老婆很贤惠,而且做得一手好饭菜,家务活一个人全包,你就在家享受你的公子爷生活,真是令人羡慕啊!不像我们家那位,就知道瞎打扮,害得我只能天天去饭馆买东西吃!"

老马摇摇头说:"你是生在福中不知福啊,谁不知道你老婆是个美人?每天一回家就看到天仙一样美丽的老婆,所有的烦恼都烟消云散了,这种艳福可不是人人都能享受得到的呀!现在这社会,只要有钱，还愁没有好饭好菜吃吗？"

对话结束后，两人不约而同地长叹一声，在心里询问自己：老婆为什么总是别人的好呢？

情侣或夫妻之间相处久了，难免会产生厌倦的心理，觉得自己的伴侣一无是处，甚至对其讨厌至极，总是觉得别人的伴侣看起来更顺眼。

丈夫与妻子朝夕相处，耳鬓厮磨，时间一久，新鲜感就可能会渐渐消失，于是对别的女人充满了新鲜和好奇。因为有距离，好比雾里看花，朦朦胧胧，似清非清。

此外，欣赏的角度不同，也能导致这种心理。丈夫欣赏自己的妻子和欣赏别的女人所站的角度是完全不同的。看妻子是站在丈夫的角度，希望自己的妻子完美无缺，胜人一筹，要"出得厅堂，下得厨房"。看别的女人则大多是从朋友、同事的角度去观察，其心理要求是不一样的，这样，当看到别的女人温柔体贴、楚楚动人时，当然更感觉自己妻子缺乏风度，于是感到妻子不尽如人意。如果想要在自己的恋人身上重新找到感觉，其实有的时候很简单，多欣赏妻子，看见妻子的长处，那么你的生活就会更幸福。

死心塌地，鲜花偏爱牛粪

大街上，我们经常会看到一位美女身边站着一位其貌不扬的男士，或是一位英俊潇洒的男士的手挽着一位相貌平平的女士。有人将这种情形作了一个不客气的比喻：鲜花插在牛粪上。那么，为什么牛粪偏偏会和鲜花在一起呢？

　　花与牛粪在外形与气味上真的极不和谐，是高雅美艳与粗俗丑陋的鲜明对比。可是花的美艳不是浑然无成的，它需要营养、水和空气。缺了这些，花会残败，凋零。牛粪虽然丑了些，却是养分储备丰富，绿色的生命是离不开的，只是不悦目罢了……没有了粪这个养料，花美又何来呢？

　　我们可以先做一个假设：

　　有三个人，A是一朵"鲜花"，B是一位"俊男"，C是一堆"牛粪"。现在是，B和C同时在追A。而"俊男"B在追求"鲜花"A的同时，也有几个很不错的女孩子在追求他。但"牛粪"C由于相貌差，没有美女敢追。假定"鲜花"A，当然也是从心里有点喜欢"俊男"B的，但由于美貌，她选择伴侣的标准也就与众不同，看谁追她更具有耐心，找一个更爱她的人做老公。因为她想找的是一个可以托付终身的人做伴侣。

　　由于"牛粪"和"俊男"大相径庭地表现，"鲜花"在心里的判断结果大概是这样的："牛粪"更爱她，"牛粪"能保证她终生幸福，因为他对自己死心塌地，丑点有什么关系，毕竟"俊男"还是花花心肠不可靠。她会觉得"俊男"如同一个花瓶，虽然鲜花放在花瓶里很好看，但鲜花也会因为缺少营养而慢慢枯萎，而插在牛粪上，这种危险会很小。

　　诚然，在"鲜花"的心目中幸福才是最重要的，虽然心里多少会有些遗憾，但是根据她选择伴侣的标准，宁愿要一个爱她的"牛粪"老公，也不要一心二用的"花瓶"做老公。说白了，过日子才是永恒的主题。因而，能好好相处过日子，也就无所谓鲜花和牛粪了。

相伴一生，不要奢求最好

在爱情的选择上，我们都希望找到最好的那一个，但是如果总是奢求最好，奉行完美主义，你可能很难如愿。

在面对选择时，你的选择未必是所有结果中最理想的，但是你却有必要保证决策过程的最优化，只要你的选择过程科学，结果当然也不会很差。不过人不是机器，不能用"型号"、"运算速度"、"行业标准"之类的东西衡量，人比任何机器都复杂得多。你也许会想到考试这种方式，但即使你的考题出得很不错，也只能反映某些素质，更不必说还有不少不能确定的因素。

按图索骥是人们常犯的毛病，许多少男少女正是以心目中的偶像作为择偶标准。这种标准至少有两个问题：其一是似乎认为人也像某种高档商品，是可以批量生产的；其二就更糟糕：如果真的享受不到，就弄个假货自欺欺人。当然，人们都希望自己的爱人完美无缺，但如果你不学会降格以求，恐怕只能孤独下去。时间不会倒流，机会往往也是如此。如果你的标准过于苛刻，就会丧失许多本来可以抓住的机会。

女儿年龄渐大，还是不肯结婚，父亲很是着急。女儿不以为然，说:"没关系,海里的鱼还多着呢。"父亲回答:"可是鱼饵放得太久,就没有味道了。"在爱情问题上有许多神话,人们创作这些神话的初衷是好的,但是如果你信以为真,其结果往往令你失望。最典型的一个神话就是所谓"另一半":这世界上的男男女女,每个人都有属于自己的另一半,而我们恋爱的目的就是要找到那个"另一半"。这个说法挺叫人感动,但于事无补。它的意思是:有(且只有)一个最佳答案。姑且先承认这一点,可是世界上和你年龄相仿的女人或男人有好几亿,而你所能接触到的不过一二百人,指望从这个小的范围找到那个"正确答案",可能性约等于买一张彩票即中大奖的概率。如果某人把改善命运的希望完全寄托在中彩票上,我们会认为此人神经出了问题,在爱情上,道理也是一样。

现在,假设你是一个决定要结婚的女性,但还没有找到最好的对象,而此时,在你的社交圈里有一百个合适的单身男子都有意要追求你,现在你要从他们当中挑选最好的一位作为你的结婚对象,怎么做才能得到最好的结果呢?看看苏格拉底的三个弟子,也许你就能找到满意的答案。

苏格拉底的三个弟子曾向老师求教:怎样才能找到理想的伴侣?苏格拉底把他们带到一块麦田,要求他们沿着田埂直线前进,不许后退,而且仅给一次机会选摘一束最大的麦穗。

第一个弟子走几步看见一束又大又漂亮的麦穗,高兴地摘了下来。但是他继续前进时,发现前面有许多比他摘的那束大,只得遗憾地走完了全程。第二个弟子吸取了教训,每当他要摘时,总是提醒自己，后面还有更好的。当他快到终点时才发现，机会全错过了，只好将就着摘了一束。第三个弟子吸取了前两位的教训，当他走到1/3时，即分出大、中、小三类，再走1/3时验证是否正确，等到最后1/3时，他选择了属于大类中的一束美丽的麦穗。虽说，这不一定是最大最美的那一束，但他满意地走完了全程——因为他知道，自己已经尽可能争取到最好的结果了。

虽然结果不是百分之百中意，但是绝对可以增加成功的概率。因为爱情和买彩票不一样，买彩票无论你花费多少心思，其结果都取决于运气。而在这个过程中，只要你策略得当，就能得到不错的结果。

很显然，在你选定最终目标之前，应先作一番选择与比对。然而，要切忌犹豫不定，在适当的时机，请"该出手时就出手"。别让适合你的人从身边溜走。

甜言蜜语，拨开情感阴云

恋爱是美好的，但恋爱之舟驶向婚姻彼岸的过程却不是一帆风顺的。一旦出现问题，你要与你的另一半如何进行一场正确的心理博弈呢？

由于双方性格的不同，对某些问题所持观点的差异，一方言行的失当或对对方言谈理解上的偏差等因素，使彼此之间总难免会出现一些感情上的摩擦。那么，正畅游在爱河之中的男同胞，当你心上人的芳容因这样或那样的原因而出现"晴转多云"时，你该奉上什么样的乖巧话来使其"多云转晴"呢？

一天傍晚，雅洁与小刚一对年轻的恋人为一件小事闹了点儿别扭。雅洁回去时，小刚要送一送她，她执意不肯，和同学张颖走了。小刚回去后，虽然对雅洁"不知好歹"的举动余怒未消，可他怎么也对雅洁放心不下。九点多钟，雅洁从张颖家回来，刚一推门，电话铃就响了。她抓起电话，听筒里传来小刚的声音："是雅洁吗？我是刚。"雅洁听说是小刚，正要放下电话，又听刚说："雅洁，我回来后对你一直放心不下，你没事吧？你平安回来我就放心了。"听了小刚的一番话，雅洁只觉得心头一热，对小刚再也气不起来，原本"三天不理他"的想法此时已是烟消云散。

小刚不失时机的一番关爱之语，向恋人传送了自己的关心与牵挂，语虽短，意却浓；话虽简，情却真，令对方不由得怦然心动，怨气全消。

有的恋人觉得彼此之间关系亲密，因此在日常交流时也就口不择言，经常就是想什么说什么，岂不知这样往往会造成"说者无意听者有心"的误会。

松与恋人咏在一次散步的时候，不知怎么就扯起了恋爱过程中双方花钱的话题。松说："咏，自从咱们交往以来，你没让我花多少钱，却为我花费不少。"咏一听这话，立时把脸扭到一边，嘴也撅起老高，语带哭腔地说："我真行，找了个倒贴的对象。"松一见这情形，立即意识到咏误解了自己的意思，便上前解释说："咏，别生气，我真的没有别的意思。我之所以这样说，是因为我感到不好意思，何况我这样说也是有根据的。不是吗？我没请你吃过几次饭，也没给你买什么礼物，而你却为我买了不少的书，我给你钱，你又不要。我总觉得……"还没等松说完，咏便破涕为笑了，她说："噢，原来你是这个意思！你刚才那样说，我还以为你在轻视我呢。"

恋爱时的人总是很敏感的，特别是女孩子，常会为男友的一句不经意的话而"浮想联翩"，给自己带来不愉快。面对恋人因敏感而产生的误解，松及时抓住"病因"，追本求源，给对方一个有理有据的"说法"，从而使对方消除了误会。

银与雯看完电影出来，边走边聊，两人都被刚才电影中男女主人公的充满浪漫与悲情的爱情故事迷住了。雯望着银说："他为了她献出了自己的生命，你能吗？""我，我……"他俩刚认识不久，银不知如何回答。雯有点儿来气了，她轻蔑地看了银一眼，就往前走。银同她说话，她也不答理。她自己去街边买了一个烤白薯，吃了两口，又拿出一块糖塞进嘴里。银问她："白薯已够甜的了，你为什么还吃糖？"雯赌气地说："不甜，不甜，我觉得它不够甜！"聪明的银听出她的话外之音是对自己不满，觉得他们俩的爱情还不够甜蜜，于是银说："你是不是怪我有点儿自私，不愿为你付出？那你就错了。因为我们相处时间还太短，我轻易许诺，你会觉得我是一个不可靠的人。爱情的果实到底甜不甜，时间长了，你就会品味出来了。"银的一番推心置腹、坦率真诚的话语把雯深深打动了，此时再看她脸上，"阴云"早已无影无踪，二人的感情也由此得到升华。

耍"小性子"可以说是女孩子的天性，她们常为男友的言行不符合自己的心意而耍性赌气，挤眼抹泪，使原本和谐、热烈的恋爱场景出现僵局。银对恋人生气使性时的一番坦率真诚的表白，使恋人意识到他的诚心可鉴、真意可察，从而自动放弃"大小姐脾气"。

切勿唠叨，赞美好过抱怨

在爱情之中，聪明的人不会通过抱怨和唠叨使对方难堪。相反，他们能够通过赞美使别人注意到自己配偶的优点，还能将配偶的缺点降到最低。

有这样一些人，每当看见恋人们亲亲密密的时候，就会感叹自己怎么没有这般的好运。爱情对他们来说永远都是奢侈品。完美的爱情是他们的梦想，他们怀疑别人的爱情，同时又找寻不到属于自己的完美爱情，所有一切的一切也都成了他们唠叨的原因，殊不知这种唠叨抱怨对你的爱情有害无益。

拿破仑的侄子拿破仑三世的婚姻悲剧是世人皆知的，他的婚姻、爱情就葬送在妻子尤琴永无休止的唠叨上。可当初，拿破仑三世爱上这位美人时，曾经是多么自豪啊！在一篇皇家文告中，他说："我已经选上了一位我敬爱的女人，我从没有遇见过这样迷人的女人。"尤琴，这位全世界最漂亮的女人终于成为法国皇后。但是，尤琴致命的弱点毁了她。她在丈夫面前，总是百般挑剔，喋喋不休地批评他，指责他的种种不是，因身边发生的一点儿小事就絮絮叨叨没完没了。她十分嫉妒，既看不起丈夫，又嫉妒别的女人，每天像中了邪一般人前人后数落丈夫的缺点，终于，拿破仑三世忍受不了妻子的"精神虐待"，逃出家门去和情人幽会。

聪明的妻子，会称赞自己的丈夫，夸耀丈夫的特长，表扬丈夫的优点。人都有一种倾向，就是依照外界所强加给的性格去生活。假如不断赞美你的配偶，那么在无意间对其是一种鼓励，这比直接"教训"的言语，更能推动他尽力去把事情做好。

琳的丈夫是一家科研所的研究员。按理说，这是一个让人羡慕的职业，可是琳总是成天在众人面前数落丈夫："满屋子都是书，能当饭吃？整日里抱着书本像真的一样，还不是老虎戴眼镜。那天他心血来潮，说是修理电视机，结果呢？修得不仅声音没有，连图像也不见了。难得一次下厨房，炒出的鸡蛋是煳的，烧出的饭带了彩……"旁人哈哈大笑，这让琳越说越带劲，更是将丈夫的所有缺点和失态暴露无遗。从此，琳的丈夫在别人的心目中成了一个取笑的对象。结果，丈夫的脸越来越阴沉，情绪越来越低落。

但是，雯就截然不同。丈夫几年前还在卖报纸，当他发现经销书籍很有发展前景，就开了一家书店，生意果然做得很红火。面对别人的称赞，雯总是自豪地说："以前，我真不知道他会这么能干，其实，他过去只是没有找到发展自己才华的机遇而已。现在可好了，他在这个行业里如鱼得水，我真佩服他掌握行情那么准，捕捉的信息是那样的多，对读者的需求把握得那么好，进的书总是好销，总是供不应求……"毫无疑问，雯的夸奖，给大家树立了丈夫的良好形象，从而也激励着丈夫把书店的生意越做越兴旺。

这就是抱怨与赞美的区别，赞美能打造一个好丈夫，而抱怨只能让丈夫离你越来越远。所以说，赞美是夫妻相处的黏合剂，只要你的伴侣有所进步，有所表现，就不要吝惜你的夸奖。如果你的伴侣做一分，你就夸三分，绝对会事半功倍。而要使家庭生活幸福、快乐，夸奖更是缺不了，它就像一块香甜的巧克力，让生活有滋有味。

不说过头话，吵架也是福

台湾艺人凌峰做客"艺术人生"节目时，讲述的观点是：夫妻吵嘴绝对不是为了讲道理，而是在"短兵相接"中比谁的话说得快、谁的话讲得多、谁的嗓门大。但吵过之后，一定要注重"善后处理"，以免夫妻关系受到影响。

在幸福的婚姻当中，夫妻吵嘴是不可或缺的一道"甜点"。吵完了就完，只要互相退让一步，就会和好如初。毕竟，夫妻没有隔夜的仇。俗话说：勺子没有不碰锅边的。恩爱夫妻也一样，两人共处的时间长了，难免会遇到不快的事，夫妻间总有发生矛盾的时候。如果你不想损伤对方的自尊心，你就必须学会说："很抱歉。"

夫妻吵架无输赢之分，谁是谁非不可能明明白白。有时只不过是做某一个"选择"，而这个"选择"往往来自一方的让步。懂得了吵架的艺术，夫妻就能虽吵犹亲，爱情的纽带也将越来越牢。

"三八"节那天，王伟吃过晚饭以后，坐在客厅里看电视，妻子在一边收拾碗筷，一边念叨："今天，单位里的女同胞们可开心了，有的人收到了男朋友送来的一大捧玫瑰，有的人收到未婚夫赠送的精美手表，还有的人收到了丈夫送的时装。"最后，她叹息道："唉！我可没这个福气。"尽管王伟听了以后感觉很不舒服，但又不想惹起事端。因为这样的话王伟平时听得太多了，也许她今天还是说说而已，王伟心里想只要置之不理，她自然偃旗息鼓。于是，他盯着电视看，装做没听见。

妻子洗好碗后，坐在王伟身边继续喋喋不休。她从结婚后就没收到过王伟的礼物开始，一直讲到现在活得毫无情致。王伟开始频频按动着手里的遥控器，以表示内心的不满。可是，妻子似乎丝毫没有发觉丈夫的忍耐度正在一点点地变小，依旧唠叨。王伟终于按捺不住，把遥控器狠狠地扔在桌子上，对她大吼："你别总这么烦人好不好？嫁给我你是不是感到后悔了？现在要是觉得有人比我更好，你趁早找他去！"妻子的唠叨一下子"刹车"了。她瞪大了眼睛，默默地看着王伟，眼睛里充满着失望和怨恨。他们对视了一小会儿，她独自走回卧室。孤单的背影让王伟忽然明白，其实妻子非常渴望从丈夫那里得到尊重，而这种尊重很可能就是一些不起眼的小礼物。王伟顿时感到后悔。其实，结婚以后，王伟确实没有像许多男人那样，把妇女节、情人节、结婚纪念日等女人很在意的节日放在心上，而是把它们视同于普通的日子。

想到这里，王伟急忙走进卧室，看见妻子正在收拾着衣服。王伟问她："老婆，你这是要干什么？""回家！"她头也不抬地回答。王伟一把从她手中夺过包裹，说："我不就是没送你礼物吗，就值得你生这么大的气？"但妻子却使出全身的力气，又从王伟手中把包裹抢回去。王伟赶紧从妻子的背后搂住她的腰，按住她的手，说："老婆，我爱你！说真的，我真怕你回娘家，到时候我一个人可怎么面对这个空房子呀！"妻子停止收拾衣服，轻轻地抽泣起来。王伟把她抱在怀里，她的眼泪哗哗地往下流。她淌着泪跟王伟解释说："我其实不需要昂贵的礼物，只要你有一句体贴的话，就足够了。你为什么不早对我说啊？"现在，王伟明白了，女人有时真的不需要太多，只要丈夫在她的耳边轻轻地说一句"我爱你"，足以让婚姻更加鲜活、更富有激情。

如果一方想表达自己某种强烈愿望，最好直说"我想……"。比如妻子责怪丈夫好久未带自己上餐馆，她就不妨直说："我想今晚到外面吃饭。"而不要说："看约翰每周至少带妻子上一次饭店，而你呢？"

为哪件事吵嘴，谈清这件事就行了，不要"翻旧账"，不要"上纲上线"，也不要无限扩大。随便给对方扣什么"自私"、"不可救药"、"卑鄙无耻"等帽子，常常会把事情搞得复杂了。

不少夫妻在争吵过程中，总有一种心理，就是都要以自己"有理"来压服对方，结果谁也不服谁，反而越说越有气。其实，夫妻之间的争吵，一般没有什么原则问题。如果争吵到了一定时辰和一定程度，发现这样下去还不能解决问题，那么有一方就要及时刹车，并提示对方休战了。这并不是屈服、投降，而是表示冷静、理智。比如可以用幽默打破僵局，或者干脆严肃地说："我们暂停吧！这么吵也解决不了问题，大家冷静点儿，以后再说。"之后，任凭对方再说什么，也不再搭腔。

不乱攀比，消除安全隐患

有人说："人比人，气死人。"此非戏言，实乃生活之真实写照。不理智的攀比，往往给人们带来无穷无尽的烦恼。

《巴尔的摩哲人》的编辑亨利·曼肯说过，财富就是你比妻子的妹夫多挣100美元。行为经济学家说，我们越来越富，但是体会不到幸福，部分原因是，我们总拿自己与那些物质条件更好的人相比。我们不妨做这样一个假设，你是愿意自己挣11万元，其他人挣20万元，还是愿意自己挣10万元，而别人只挣8.5万元呢？大部分人会选择后者。如果你还不相信，那就问问你对自己现在的住房是否满意？一个人到底需要多大面积呢？主要取决于邻居拥有多大的住房，如果邻居的住房小，那他也不需要太大的住房。

有个美国年轻人，叫阿瑟，22岁时就每星期挣125美元。在20世纪初，这可是相当可观的一笔收入啊。阿瑟娶了一位年轻美貌的女子为妻。一天，他对父亲说："我想搬到长岛去住。"父亲知道儿子嫌家太寒酸，不适合这个一星期挣125美元的公务员了，便对儿子语重心长地说："你已经长大成人，安家立业，可以另立门户了。阿瑟啊，记住：为人要诚恳，做事要勤劳，切忌炫耀，切忌攀比。"

阿瑟和妻子迁到纽约市外的长岛，搬进了一栋豪华的房子。住在这儿的人多是富裕人家，至少是看起来相当有钱的人家。爱炫耀爱攀比的阿瑟知道邻居都是一个乡村俱乐部的成员，自己很快也参加了俱乐部，和他们一样，买了匹黄骠马，雇了个仆人，常常举行宴会……这是一场无休止的竞赛。阿瑟在竞赛中不仅花光了自己的全部积蓄，还债台高筑，最后，不得不退出竞赛，停止与人攀比，迁到纽约一套便宜的公寓去居住。阿瑟对妻子说："我现在才真正懂得了父亲的临别赠言：切忌炫耀，切忌攀比。我要把自己的教训写成文章，让世人从中受益。"

在生活中人们常常能够发现，本来小两口生活得幸福自在，可某一天妻子对丈夫说："你看人家隔壁的老张，衣冠楚楚，哪像你这样邋遢。"丈夫听后脸色马上由晴变阴，尽管当时不一定言语，但心中总觉得不痛快。妻子随便一句比较的话，使丈夫的尊严受到伤害。

还有这样的家庭，本来十分和睦，男主外，女主内，工作之余男的喜欢看书，女的料理家务，丈夫读书休息之际，看到妻子疲惫的身影有意无意地说了一句："我同学的爱人不仅身材苗条，还有一手好毛线活，给丈夫织了毛衣，穿上既得体又显得精神，我什么时候也能穿上件像样的毛衣？"言者无意听者有心，本来妻子很要强，丈夫一番比较，对妻子有些贬低，刺伤了其自尊心。妻子感到委屈，然后向丈夫发起进攻："如果你看不上我，你找你的窈窕淑女去，人家的丈夫干多少家务活你知道吗？"这位丈夫不恰当的比较，简直是引火烧身。

其实生活中常有这样的情况，有的女人羡慕别人的丈夫会体贴妻子，会干家务，却不知他妻子正抱怨他不会挣钱，没有社会地位，不像个男人，没出息；有的女人羡慕别人的丈夫会挣大钱，去哪儿都风光，自己也能穿金戴银，光彩耀人，却不知他妻子正为他彻夜不归甚至寻花问柳而哭泣。对男人来说也一样，有的男人羡慕别人的妻子能干，回到家中就能饭来张口，衣来伸手，却不知她的丈夫每天都在为她的唠叨或责骂头痛，甚至恨不得不回家；有的男人羡慕别人的老婆温柔、漂亮，走出去又体面，又风光，却不知她的丈夫常常为她的"柔情似水任意流"而苦恼。

说到底，攀比心理不过是男人或女人内心的"买菜心理"作怪罢了，明明放在这里卖的都是好菜，但是却要左挑右拣，最后选出自己认为最好的菜，满意而归。本来大可随手拿起走人的事情，却要将其复杂化，这就是"买菜心理"。

攀比心理的产生很大程度上是因为不自信。我们要在看到别人长处的时候别忘了自己的长处，只要自己能调整好心态，就能够享受到人有我有的那份满足了。

巧用嫉妒，情在笑中升华

在生活中，当你的心中感受到嫉妒的情绪存在时，你最好能用幽默的语言表达出来。这样不仅可以调节心情，缓解生活的重负，最重要的是能够使夫妻之间的情感在笑声中升华。

　　夫妻生活中，嫉妒现象普遍存在。女人对于身边的事物有着特殊的敏感反应，并且习惯于进行比较，总是担心自己得不到认可。一个聪明的妻子看到丈夫略有"不恰当"行为时，不要把整个醋坛子打翻，当然也不要对丈夫的行为姑息，而是要通过幽默的表达，既要让丈夫闻到酸味，又不伤害对方。

　　阿元是个脾气憨厚的北方汉子，喜欢体育运动。阿元的妻子小丽则是典型的南方人，书香门第出身，喜欢绘画。结婚后二人生活得倒也美满。

　　有一次，展览馆举办书画展览，小丽想让丈夫陪她一同去看看。对美术不感兴趣的阿元十分不情愿，但他拗不过妻子，于是二人一同来到展览馆。

　　刚刚踏进展厅，就见展厅中央有一群男人围着一幅画正在品头论足。小丽对丈夫说："你看，人家多有品位，当今社会如果不懂艺术，会被人家耻笑的。"阿元听了，满肚子不服气，对妻子说："你先在这儿看，我过去看看那是一幅什么画。"于是他挤进了人群。

　　小丽把展厅中所有的画都参观了，看见中央那幅画前依然围着许多人。她很好奇，于是费了九牛二虎之力也挤了进去。这是一幅人体艺术画，画中有一裸体美女，下身只有一片树叶盖着。小丽想起了丈夫，用眼睛一扫，发现丈夫一手托着腮正目不转睛地盯着这幅画。小丽悄悄凑了过去，阿元竟然丝毫没有察觉到。小丽用胳膊轻轻碰了一下正在聚精会神欣赏裸女画的丈夫说："嗨，别看了，那片树叶等到秋天才能落下来呢！"妻子冷不丁地说了一句。

阿元脸一红，看了眼妻子，满脸羞愧，拉起妻子的手不好意思地走了出去。

如果妻子发现丈夫有"不恰当"行为时，就把整个醋坛打翻，长此以往，夫妻之间定会产生不可调和的矛盾。相反，妻子若采用嫉妒性语言对丈夫的行为作出提醒，不仅产生了幽默，而且还提醒了丈夫，这样会达到很好的效果。

周末，丈夫和妻子逛商场，妻子发现丈夫不停偷看旁边一位卖服装的售货员，于是便在他身边悄悄地说道："亲爱的，你对她说句话吧！""为什么？"丈夫疑惑地问。"不然别人会以为你对她想入非非了！"

这位聪明的妻子巧用嫉妒语言谴责了丈夫，既幽默又含蓄。

当夫妻之间产生不悦时，你应该学会用机智幽默的嫉妒性语言来化解，这样做不仅能缓和夫妻之间的矛盾，还能由此增进夫妻间的感情。